JN436954

코로나19의 강

코로나19의 강

石雲 박정자 第36시집

月刊文學 출판부

『백두민족』 출간 30주년에

첫 시집 『백두민족』을 낸 지 30주년에 만나볼 36번째 시집 제목을 '코로나19의 강'으로 정한 마음이 썩 유쾌하진 않다. 이 강을 언제 다 건너게 될지 예측할 수 없기에.

하루에도 몇 번씩 밤낮없이 듣게 되는 '코로나19'란 말. 어쩌다가 일찌감치 화이자 백신 접종을 마친 것으로 큰 숙제 하나를 마친 듯, 그래도 날마다 쏟아지는 뉴스는 제자리걸음.

와중에, 새벽마다 산행(송라산)에서 풀잎 하나 풀꽃 하나 산새들까지 만날 수 있어 그나마 다행! 마스크 안 쓰고 술(내가 담근 특주) 한 잔 나눌 날을 기다리는 마음으로 『코로나19의 강』을 되씹어본다.

2021(4354)년 6월

다물(多勿) 시마루에서

石雲 朴貞子

차례

제2부_ 행복 일기

제1부

꽃과 함께

밥 먹었어요

하루 세 끼
끼니때마다
밥만 먹고 나면
나도 모르게 하는 소리!
'밥 먹었어요'
수십 년 동안 혼자 해온 말!

약골인 나에게
마지막으로 한 할머니의 말
'밥 먹었냐?'
그 대답을
내 나이, 할머니 가실 때 나이가
다 되어가는 지금까지
하고 있는 것이다

'듣고 계시지요?'

낯꽃

다 같은
하루를 사는 것 같아도
얼굴에 피어나는 꽃은
모두가 제각각

기쁘다고 다 같지도 않고
슬프다고 다 같지도 않는
수많은 감정이 피어나는 꽃

웃는 모습도 가지가지
우는 모습도 가지가지
낯꽃이야말로
꽃 중의 으뜸 꽃
세상만사의 꽃

인생이란 액자 속엔 결혼만 있을까

매력적인 사랑에 빠져서
올곧은 심성이 믿음직해서
자상한 마음씨에 이끌려서
멋진 모습에 반해서
두둑한 뱃심이 좋아서
반듯한 집안이 그럴듯해서

목숨 걸고
만사 제쳐두고
체면 팽개치고
자존심 내려놓고
결혼, 결혼을 한 후
잘 살다가
잘 사는 듯하다가
누군 이혼을 한다
그리고 누군 또 재혼, 재이혼을 하고
또 누군 재재혼까지 한다

평생을 결혼이란 틀 속에 사는 듯
인생이란 액자 속엔 결혼만 있을까?

빈손도 내 몫

도무지 알아들을 수 없던 말도
듣다보면 뜻을 알게 되고
아주 이상해 보이던 음식도
먹다보면 맛을 알게 되고
막막하던 삶도
살다보면 인생을 알게 된다지만

되짚어보면
한 줄기 바람인 듯
한 방울 이슬인 듯
한 움큼 물을 쥐었던 주먹처럼
다만 빈손, 빈손

와중에
비로소 알게 된 사실 하나
그 빈손도
결국 내 몫이란 걸

새해 첫날 새벽 눈발

눈부신 해돋이만 좇지 말고
가녀린 눈발도 보라 하네요

얼굴 간지럽히는 바람결만 좇지 말고
가슴속 고요도 즐기라 하네요

새것 반기는 것도 좋지만
묵은 것도 잘 보듬으며
묵묵히 살라 하네요

때아닌 겨울비

'대한' 이 '소한' 집에 놀러 갔다가
얼어 죽었다는
바로 그 '소한' 인데
벌써 사흘째
낮밤 가리지 않고
추적추적 비가 내린다
마치 하릴없는 이 빈둥거리듯

지역마다 꽃을 피우는 겨울 축제
줄줄이 연기되고 취소되고
스키장도 썰매장도
비에 젖어 흐르고
눈사람도 눈싸움도 없는
우중충한 하늘

겨울이 겨울답지 않으니
봄이나 봄다울지…

그래도 꽃은 피어난다

눈에 보이지도 않는
해괴망측한 놈(코로나19) 때문에
3월이 다가오고 있는
새벽 산길에서조차
마스크를 쓴 사람들
그래도, 그래도 꽃은 피어난다

마스크로 코와 잎은 가려도
꽃을 볼 수 있는
눈은 가리지 않았고
꽃을 생각하는
마음까지 막을 순 없기에
꽃은 피어난다

생강나무 · 올괴불나무 · 진달래 꽃망울도
어느 햇살
어느 바람결에 피어날
그 시각을 기다리며
봉긋봉긋 준비중이다

급습

눈에 보이지도 않는
고약한 적이 몰려왔다

'코로나19'라는 놈

손을 잘 씻고
마스크를 잘 하고 다니는 것이
적을 막고
나를 지키고
국민을 위한 길이란다

사람 만나는 것을
되도록 피하고
어쩔 수 없이 만났더라도
문제가 발생했다면
동선을 빠짐없이 밝히는 것이
적을 찾고
나라를 구하는 길이란다

올봄 첫 손님

창틀에 놓인 작은 화병에서 피어난
노란 생강나무꽃 향기 솔솔~

겨우내 잊었던
그 향기
네가 왔구나!

올봄 첫 손님
산에서보다
며칠 먼저 만난
기쁨도 두 배!

네 덕분에
여긴 벌써 봄
향기 따라 날아가 볼까

진달래꽃이 피어나고 있어요

새벽 바람에
진달래꽃이 피어나고 있어요

눈에 보이지도 않는
몹쓸 놈(코로나19) 때문에
모두가 집 안에 갇혀
봄도 꽃도 멀리 있기만 한데

며칠 후면
산, 산마다 붉게 붉게 피어날 텐데
꽃바람이라도 크게 불어
그 몹쓸 놈도
다 날려버리면 좋겠다

코로나19의 강

아무도 가본 적 없는
처음 맞닥뜨린 강
깊이도 모르고
물살도 몰라
얼마나 어떻게 위험한지도
전혀 알 수 없는
그 강을 건너야 하기에
나라마다
시험 도강에 나섰다

국가대표 뽑을 겨를도 없이
온 국민이 도강 선수가 되어
한 발 한 발, 조심 또 조심
문제의 강을 건너고 있다
낙오자를 한 명이라도 줄이기 위해선
혼자가 아닌
함께여야 한다
낯선 길을 하나하나 알아가며
마지막 안도의 점을 찍을 때까지
멈출 수가 없다

반갑고도 미안스러운 봄꽃과의 만남

딱 1년 만에
올해 처음으로 만났다!

마른 수풀 사이로
작년 그대로의 모습으로 피어난
첫 풀꽃 손님
연보라색 현호색꽃, 하늘하늘!
진노란색 산괴불주머니꽃, 화사하게!
흰제비꽃, 방싯방싯!

뜻밖에 불어닥친
'코로나19' 질풍으로
꽃구경도 맘대로 가지 못하고
모두가 답답해하고 있는데…

나 혼자만
너희를 만나고 있는 것 같아
반갑고도 미안스러운 마음
숨길 수가 없구나

코로나 시절 새벽 꽃길

길밝힘등 막 꺼진 후
산 아래 아파트 앞길

갓 피어난 벚꽃등불!
보이는 건 온통 꽃불!
따로 설명이 필요 없는 꽃길!

이렇게 좋은 곳에
나 말고는
아무도 없다

'사회적 거리두기' 란 말 무색하게
2m, 4m, 6m, 8m…
사방을 둘러봐도
한 사람도 보이지 않는다

다만, 조용한 꽃길!
못내, 쓸쓸한 꽃길!

꽃의 변신

하얀 아카시아꽃이
우수수 떨어지는 초록 숲에서
똑똑 빗소리가 들린다
새벽 안개 함빡 머금은 꽃이
빗방울 되어 떨어지는 소리!

안개 흩어지기 기다렸다가
햇살로 화장하고 나서면
살랑이는 꽃바람 되어
향기로 날아다닌다
향기로 날아다닌다

참새는 참, 참, 참

참새는 참 눈이 밝은가 봐
아무것도 없을 것 같은 길바닥에서도
뭘 자꾸 주워 먹는 걸 보면

참새는 참 부지런한가 봐
해도 뜨기 전부터
나들이를 하는 걸 보면

참새는 참 겁도 없는가 봐
차들이 오가는 차도에서도
먹고 놀며 재주까지 부리는 걸 보면

‘마스크 시대’ 해프닝

버스에서, 내릴 준비를 하고 있는데
옆에 서 있던 아저씨가
‘안녕하세요?’
느닷없는 인사말에
잠시 고갤 돌려봤지만
누군지 얼른 생각나질 않았다
‘누구신지 잘 모르겠는데요~’

그러는 사이 버스는 정차를 했고
뒤따라 내린 아저씨
마스크를 벗으면서
‘경비…’라며 씩 웃는다
‘어머나! 죄송해요…’

오가는 길에서
인사를 나누던
이웃 아파트 경비원 아저씨였다

술병이 처량하다

좋은 사람들과 함께하려고
직접 담가 놓은
산국술, 인동술, 솔순솔…
뿌듯하게 바라보던
그 술병이
처량하게 보이긴 처음이다

해마다 철철이
때 맞춰 담가 놓았다가
만날 사람 따라 장소 따라
하나씩 들고 나가는 즐거움
그 즐거움이 멈췄다

'코로나19'란 놈
그 놈 때문이다
마스크를 하고 마실 순 없기에

처량한 술병이
때만 기다리고 있다

도랑창 참나리꽃

아무도 눈길 주지 않을 것 같은
철제 차단막까지 쳐져 있는
도로변 아래 도랑창에서
보란 듯이 피어난
한 무더기 참나리꽃!

어디서 날아왔을까?
삼 년 전, 멋대로 자란 잡풀 속에
곧은 꽃줄기 하나 눈에 띄어
날 놀라게 하더니
어느덧 아홉 개 꽃줄기에
조롱조롱 매달린 크고 작은 꽃망울!

남이야 도랑창이라고 하든 말든
이젠 자리를 잡은 듯
의젓한 그들의 세상!

내년엔 얼마나 더 많아질지?
올여름 큰 장마는 없었으면 좋겠다

무릇꽃 필 때가 되면

새벽마다 오가는 길가
작은 빈터
철 따라 이런저런 풀꽃 피어나던
아기자기한 이야기가 있던 곳

어느 날부터인가
쓰레기 쌓이는가 싶더니
이젠, 여름이 되어도
풀 한 포기조차 보이지 않는다

무릇꽃 필 때가 되면
고만고만한 풀밭에
홀로 고고하게 피어나던
그 모습 자꾸 떠올라
허허로운 빈터의 설움

비바람 속 거리 풍경

때도 없이
오락가락하는 장맛비
강풍까지 몰고 다니는 통에
마스크를 하고 오가는 사람들
뒤집힌 우산에 끌려가듯 휘청휘청

올려다보이는 길밝힘등 위에서는
까마귀 다섯 마리가
마치 자기들 무대인 것처럼
마스크도 우산도 필요 없이
자리를 바꿔가며
몸짓을 주고받으며
서로 날고 뛰며
치고 피하며
으르고 달래며
멋대로 놀고 있다
재미있게 놀고 있다

폭우 멎은 뒤

갑자기 창밖이 어두워지는가 싶더니
천지개벽의 신호라도 보내오듯
요란 찬란한 천둥 번개!
우르르 쾅쾅! 쾅!
번쩍! 번쩍! 버언쩍!
벼락은 어디쯤 떨어졌을까?

하늘 밑창이라도 빠진 듯
거대한 폭포가
통째로 쏟아지는 것처럼
세찬 빗줄기에
창밖은 아예 보이지도 않고…

도저히 끝날 것 같지 않던
그런 상황이
거짓말처럼 뚝~ 조용해졌다
지금껏 가본 적 없는
전혀 다른 세상
그 어딘가에 와 있는 듯
이렇게 고요할 수가?
여기가 내 집 맞나?

문득, 낯선 공간에
낯선 내가 서 있잖아…
이렇게 고요한 곳이었던가?

미역취꽃은 노랗게 피었건만

싸늘해진 새벽바람도 좋아라
미역취꽃은 노랗게 피었건만
해마다 함께 어우러져 살랑거리던
멋스러운 보라색 산부추꽃은
찾아볼 수가 없다

약속이라도 하고 사라진 듯
다 어디 갔는지
하나, 하나도 없다
이게 말이나 돼?

미역취꽃들아, 너희들은 아느냐?
뭐 들은 것이라도 있니?

도대체 이 작은 산에
무슨 일이 일어나고 있는 걸까?

노란 산국꽃 피어나면

쌀쌀한 기운 감도는 산기슭에
노란 산국꽃 피어나면
반갑고 기쁘다가도
섭섭하고 아쉬운 마음의 향기

꼭 1년 만에 만났으니
어찌 아니
반갑고 기쁘지 않겠으며
올해 마지막으로 피는 꽃이니
어찌 아니
섭섭하고 아쉽지 않겠는가?

노란 산국꽃 피어나면
반갑고 기쁘다가도
섭섭하고 아쉬운 마음의 향기

멈추지 않는 새잎의 꿈

따스한 봄 기운에
작은 입술로 반짝이던 새잎
어느덧 두 팔 벌려 나풀거리며
신록의 희망찬 몸짓!

우거진 녹음으로 여유롭게 펄럭이다
울긋불긋 단풍으로 멋부리며
한아름 노을빛 안고
쓸쓸하게 떨어지는 낙엽!

흙으로 가는 길목에서
차가운 눈 속에 묻혀서도
다시 기다리는 봄
멈추지 않는 새잎의 꿈

거지발싸개 같은 세상

출처 모를 귀신과도 같은
'코로나19' 와의 싸움도
지겹고 지겨운데
찬바람 따라온 독감과
한동안 뜸했던 미세먼지, 황사까지…
하늘도 제정신일 수가 없다
거지발싸개 같은 세상!

어딜 가나
마스크, 마스크…
마스크부터 챙겨야 하는 세상
코와 입을 가리고 다니자니
가슴 답답하고 마음은 떨떠름하고…
이게 사람 꼴이야?
마스크 없이 사는 날
그런 날 오기나 할까?

투덜투덜하면서도
어느덧 고마움 반 성가심 반으로
다시 마스크를 챙긴다

어느 달 뜨는 저녁

방 안에 누워서
창밖으로 막 떠오르고 있는
환한 보름달을 만난다

밝음
맑음
고요 말고는
아무것도 보이지도 들리지도 않는
나만의 공간
끝없는 가슴속 우주

달리
평화를 외칠 것도
행복을 주장할 것도
소원을 빌 것도 없이
이대로 아늑한 숨터

나 살아 있음의
오롯한 의미

시계 소리가 유독 크게 들린다면

집 안에서
시계 소리가 유독 크게 들린다면
바로 지금
나 혼자라는 신호

시계 소리 말고는
아무것도 들리지 않는
동화 속 비밀 같은 공간

오로지 나만 알 수 있는
나 살아 있음의 표본실

동쪽 하늘 큰 별에게

아무도 없는
새벽 산행길에서조차
마스크를 하고 걸어가는
이 늙은이의 꼴을
언제까지나 그냥
내려다보고만 있을 거니?

세상 사노라면
대답 없는 질문도
곧잘 하게 되고
혼자 하는 군말도
날로 늘어만 가지요

아침 해 밝아오면
너마저 사라지고 없을 텐데…

들꽃과의 이별을 앞두고

작은 유리 양주잔에 꽂혀 있는
올해 마지막 들꽃
하얀 미국쑥부쟁이꽃 두 줄기
그나마, 하나씩 시들어
이제 남은 건 겨우 두 송이뿐

내일일까?
모레일까?
마지막 한 송이마저
다 시들고 나면
봄꽃 피어날 때까진
볼 수 없는 들꽃

기한부 이별이긴 해도
기다리고 기다려야 할
들꽃, 들꽃, 들꽃들…
긴긴 겨울 동안
잘 쉬었다 오렴!

아름다운 첫눈이 내리는데

아름다운 첫눈이 내리는데
창밖 세상 보기가
옛날 같지 않다

첫눈이 내리면
반갑고 기쁜 마음 하나로
그저 달려나가고 싶었는데
하늘 향해 소리라도 지르고 싶었는데
이 나이 되도록 그래왔는데…

그놈의 '코로나19' 때문에
일상의 잣대마저 무너지며
그 좋던 세상도 달라지고
마음마저 얼룩져
멍~하게 바라보고만 있다

마스크 선물

마스크 40개들이 한 상자를
택배로 받았다

불안 불안한 하루하루를 살고 있는
'코로나 시대'의 선물

소문난 건강식품도 아닌
'입코가리개'를 선물로 주고받는
처음 겪는 날들!

지구 세상
그 어느 나라에서도
그 끝을 알 수 없는
답답한 날의 연속

한파 속에 피어나는 골드세피아꽃

최강추위 한파 속에
창밖엔 거센 눈발까지 날리는데
아무렇지도 않다는 듯
댓잎을 닮은 길쭉한 잎 사이로
꼿꼿이 자란 녹색 꽃자루 꽃자루
그 끝마다
작은 수레바퀴 모양의
앙증맞은 꽃망울 꽃망울

반갑고 놀라움으로
바라보는 눈길마저도
네 청아함에 빠져버렸다

며칠 후면
이 작은 베란다는
연둣빛 작은 별들의 세상!
생각만 해도 벌써 두근거리는 가슴
어찌할까?
어찌할까?

한파경보 속 그믐달

연일 이어지는 한파경보 속에
그 어느 때보다 선명한
동녘의 그믐달

추위는 우리들의 몫
너는 새벽 하늘에
단 하나 빛나는 스타

누가 뭐래도
해 뜨기 전까진
네가 최고니까

그믐달 연가

그제보다도
어제보다도
더 작아진
애처로운 그믐달

금방이라도 사라질 듯
아니, 내일이면
이나마 볼 수 없기에
아리고 쓰린 마음
선뜻 팔이라도 뻗어
붙잡고 싶은데…
붙잡고 싶은데…

돌아서면 날아갈까?
눈 감으면 숨어버릴까?

비단벌레 산책길 눈으로 따라 걷기

창밖은 아직 한겨울인데
넓은 잎 자랑하고 있는
무화과나무 찾아
산책 나온 비단벌레

줄기 · 잎자루 · 잎맥 · 잎몸
잎 가장자리까지
산책길 아닌 곳이 없다
어디선 부지런히 가다가
잠시 쉬었다 가고 또 가고…

나 또한 지루한 줄도 모르고
눈이 시도록 따라다녀봐도
알 수 없는 것들
밥은 언제 먹고
잠은 언제 자는 걸까?
가끔 멈칫거릴 때
잎에서 진도 빨아먹고
똥도 누는 것인가?

줏대잡이의 길

남의 말 한마디에
이리 갈까 저리 갈까
별것 아닌 것까지 남을 부러워하고
돈 따라다니느라 허겁지겁

남의 말보다
속에서 우러나오는 내 뜻이 중요하고
남의 떡은 남의 떡이란 사실을 알아
내가 할 수 있는 일을 찾아
쉼 없이 하고 또 하면
굳이 내가 따라다니지 않아도
따라오는 것만큼
누리고 살면 될 것을

내 능력을 제대로 알아
꾸준하게 가꾸는 것이 줏대잡이의 길

잘 사는 길

젊어서부터, 아니 어려서부터
하고 싶은 일이면서도
내 힘으로 할 수 있는 일
남에게 피해 안 주면서도 즐거운 일
나이 들어서도 할 수 있는 일
이런 일을 잘 찾아
당장 할 수 있는 것부터
시작할 일이다

생각만 하고 뭉그적거리기만 하면
그것은 헛일

일단 시작하여 하다보면
계속해야 할 일
고쳐서 해야 할 일
그쳐야 할 일을 알게 되면서
갈 길이 뚜렷하게 보일 것이다

그렇게 하고 또 하다보면
늘그막까지 잘 사는 길일 거야

봄꽃 마중①

오늘은, 생강나무꽃

개구리가 겨울잠에서 깨어난다는
경칩날 새벽
봄도 고프고
꽃도 고파서
뒷산으로 간다

봄꽃 마중 나가는데
코와 입 가린
그깟 마스크가 무슨 대수겠나

어제는 개암나무 가지에
암갈색 꽃이삭 흔들흔들
오늘은 생강나무 가지에
노란 꽃망울 올망졸망
날 기다리고 있었던 듯

잎보다 먼저 피는 꽃이기에
더욱 반갑고
겨우내 쌓인 설움
진한 향기로 피어나는가!

봄꽃 마중②

오늘은, 올괴불나무꽃

아직은
풀잎 하나, 나뭇잎 하나 볼 수 없는
거무칙칙한 회색빛 산기슭
뿌리에서 모여 올라온
가느다란 줄기 끝에
꽃은 빨강도 노랑도 아닌
작디작은 연분홍 빛깔
그나마 꽃술이 자주색이긴 하지만
너무 작아
그냥 지나치기 십상

나는 안다
뒤로 젖혀지는 꽃잎에
돋보이는 꽃술 귀엽기 그지없고
있는 듯 없는 듯한 향기!
두 개씩 쌍을 이룬 꽃은
다정함의 본을 보는 듯
다만, 너무 빨리 진다는
계절을 닮은 꽃이기에
서럽도록 아쉽기만 하다

봄꽃 마중③

오늘은, 산괴불주머니꽃

새벽 산기슭 오르다가
올해 처음 만난 풀꽃!
언제부터 기다리고 있었을까?

한 포기에서
녹색 잎줄기를 달고 나온
곧게 벋은 꽃줄기 끝마다
오순도순 정다운 노란 송아리
주머니마다 입술 내밀며
서둘러 나온 듯

며칠 후면
이슬 바람에도 하늘거리는
파란 현호색꽃도
어우러질 텐데…

봄꽃 마중④

드디어, 진달래꽃

고약한 황사란 놈 때문에
몇 며칠 답답했는데
모처럼 들려온
봄비 예보 반가워
'진달래 언덕'을 향한
어둑새벽의 달뜬 걸음

역시나, 역시나다
때마침 막 피어나기 시작하는
연분홍 꽃잎 사이사이로
고만고만한 꽃망울들…

서로가 통한 만남!
드디어, 진달래꽃 세상!
다음 주쯤이면
산벚꽃 흐드러지게 피어나
온 산에 봄바람 일겠지!

그 일상적인 작은 일들

— '코로나 시대'를 살면서

하나도 별나지도
이상할 것도 없이
날마다 하던 일들을 하며
그날이 그날이라고 심드렁하기도 하고
재미 없다 지루하다 투덜대기도 하던
그 일상적인 작은 일들이
마음 저리도록 그리워
멍하니 하늘 바라본다

맘 내키면
언제, 어디라도 다녀오고
전화 한 통이면
누구라도 만날 수 있었던
그런 일들이
이렇게 어려운 것일 줄이야…

그 많던 자잘한 것들
그냥 일상이 아니었네요
그냥 일상이 아니었네요

새벽 벚꽃길

어둑 새벽
홀로 걷는 벚꽃길
송라산 가는 길
소문난 곳 아니라도
좋기만 하다

걸어서
잠깐이면 올 수 있어 좋고
아직 두 다리 괜찮아 좋고
볼 수 있는 눈 있어 좋다
조요로운 길밝힘등 불빛도
해 뜨기 전 동녘 바람도
좋고 좋아라

단 하나
거추장스런 마스크 덕분(?)에
느낌으로 마시는 향기
그래도 좋고 좋다

꽃잎 떨어지니 새싹 돋아나네

촉촉히 내리는 봄비에
흩날리는 꽃비
기다렸다는 듯이
꽃잎 떨어지니 새싹 돋아나네

소리 없이 불어오는
바람길 따라
약속이라도 한 듯
때맞춰 돌고 도는
계절의 시곗바늘

사흘 만에 생각난 '수선화' 꽃 이름

산으로 가는 새벽길
동네 교회 앞
화단에 핀 노란 꽃!
봄이면 흔히 볼 수 있고
내 시집 『꽃탑』에도 있는 꽃인데
이름이 생각나지 않았다
엉뚱한 '원추리꽃'만 입 안에 맴돌 뿐…

돌아올 때도
다음날도 여전히 그랬다
몇 번이고 책을 찾아볼까 하다가
그냥 버텨보기로 했다

사흘째 새벽
그야말로 문득, 생각났다
아무 일도 없었던 것처럼 슬그머니…

'뭐 어때? 생각났으면 됐지!'
'수선화, 그래 수선화…'

사라지고 만 삼지구엽초

새벽마다 오가는 산기슭
작은 계곡 언저리
살며시 숨은 듯 자리하고 있는
한 무리의 삼지구엽초!
3개의 가지 끝에 9개 잎을 달고 사는
사랑스러운 삼지구엽초!

'어! 없어졌네…'
'이럴 수가…'
그야말로 하루 사이에
한 포기도 남기지 않고
모조리 캐 가고 없다

몇 년 전, 처음 만난 이후
염려해 온 일이 기어이 벌어진 것이다
바로 옆에서
산복숭아꽃이 피고 지는 사이
오늘일까? 내일일까?
꽃 피길 기다렸는데
그 고상하고 멋진 꽃 피기도 전에
한꺼번에 없어지고 만 허망한 현장!

아무리 좋은 약재라 해도

이럴 수는 없는 일…

도대체 당신은 누구십니까?

서산에 해 지듯

어느 나무가
지는 낙엽을 붙잡을 수 있을까
어느 산천이
흐르는 강물을 막을 수 있을까

오늘의 낙엽
어제의 낙엽 아니고
오늘의 강물
어제의 강물 아닌 것을
때 되면 떨어지고
때 되면 흘러가는 것을

서산에 해 지듯
흐르는 바람결에
너도 가고 나도 간다

멀쩡하게 보이던 거목이

하루 사이에 무슨 일 있었길래
태풍이 지나간 것도 아닌데
아름드리 낙엽송이 쓰러져
산길을 가로막았다

멀쩡하게 보이던 거목이
언제부터, 어디서부터
무엇이 잘못 되었던 것일까?

생명이란 것이
모질기도 하다지만
허무하기도 한 것

사람이 그렇고
동물, 식물이 다 그런 것 아니겠나

아스팔트에 묻힌 섬초롱꽃 자리

몇 년 전부터
산기슭에 자리잡은 전원주택 골목길
맨 끝 집 담 틈에
잡초와 함께 나타난
섬초롱꽃 몇 줄기

올해도 조롱조롱 초롱꽃 피어나
오면가면 즐거웠는데
어느 날 새벽에 보니
제초기로 제거한 흔적만 남아
마음 아팠지만
그래도 뿌리는 남아 있을 테니
내년에 다시 올라오겠지 싶었다

사흘 후 같은 장소
검은 아스팔트로 완전히 덮여
그 흔적조차
찾을 수가 없었다
이럴 수가…

세월 시계

세월 시계는
고장이 없다

검진을 안 받아도
백신을 안 맞아도
보약을 안 먹어도
탈도 없이 잘도 간다

세월 시계는
바람처럼 지나가는데
공연히 마음만 덜컹덜컹
바라만 봐도 숨이 가쁘다

제2부

행복 일기

행복 일기 · 168
—한겨울에 열린 무화과 한 개

어머나!
이게 뭐야?

2년 전에 꺾꽂이를 한
키 작은 무화과나무 가지에
어린 대추만 한 무화과 한 개!

엊그제가 설이었는데…
입춘이 며칠 남았는데…

아무리 춥지 않은 겨울이라 해도
아무리 창문을 닫은 베란다라 해도
그래도 그렇지
이렇게 윤기까지 나는 귀염둥이를
한겨울에 만날 수 있다니…

비록 실수로 빨리 왔다 해도
너무 고맙고 반가워서
가슴 두근거리게 하는 기쁨!
우선, '행복 일기' 부터 써야겠다
별탈 없이 잘 자라기를 빌며…

행복 일기 · 169

— '엄청 깔끔하시네요'

길에서 마주친 한 아주머니가
광고지 한 장을 내미는데
별 생각 없이
받지 않고 그냥 지나치는 순간
'엄청 깔끔하시네요'
뜻밖의, 나직한 아주머니의 목소리에
짐짓 놀라 멈칫한 마음이었다

그분 입장에서 생각해보면
자기를 무시하고 지나가는 것에
언짢거나 속상할 법한 일인데
그런 내색 없이
한번 지나가고 말 늙은이에게
나직한 목소리로…

'그 광고지 받아나 볼 걸'
뒤늦게 혼자 미안스러웠다

행복 일기 · 170
—난세의 별들

우한 '우'자만 들어도
우울하다
신천지 '신'자만 들어도
신물이 난다
마스크 '마'자만 들어도
마귀 같다
코로나 '코'자만 들어도
코가 막힌다

정치가 과학을 앞서려는
어리석은 일은 없었으면 좋겠다

와중에
말없이 빛나는 별들 있음을
우린 다 안다
아직은 살 만한 세상

행복 일기 · 171
—그래도 피어난 꽃들

'코로나19'라는
그놈 때문에
모두가 우울의 늪에 빠진 나라
그래도 피어난 꽃들

연분홍과 하얀 얼굴로
하늘거리는 사랑초꽃!
작고 하얀 별 모양으로
반짝이는 백정화꽃!
연둣빛으로 화사한
꽃수레 같은 골드세피아꽃!

비좁은 화분도 마다하지 않고
처연하게 피어난 모습
반가우면서도 미안스러운 짠한 마음

행복 일기 · 172
—생강나무 꽃망울의 경칩 마중

새벽 산길에서조차
사람을 만날 수가 없다
'코로나19' 심각바람 때문에

아직은 삭막한 산기슭에
오직 생강나무 꽃망울만이
경칩을 마중하듯
차갑게 언 손으로
껍질을 깨트리고 있다
나는 현장 증인
너는 노란 향기 그 자체

행복 일기 · 173
—핑크문 마중

삼월(음력) 보름달이 떠올랐다
꽃피는 봄이라 하여
'핑크문'이라 부르는 보름달
올해(2020) 가장 큰 슈퍼문
수평선도 아니고
지평선도 아닌
이웃 아파트 옥상 위로 떠오르는 달
안방에서 보는 달도
보름달은 보름달

'코로나19' 아니라 해도
'사회적 거리두기' 아니라 해도
어차피 혼자 보는 보름달

열려진 창틀 위엔
산복숭아꽃이 피어 있고
책상 위엔 막 태어난
『꽃탑10』·『민들레꽃 시계』
시집 두 권이 있고…

이만하면 딱, 딱이지!

행복 일기 · 174
—다시 만난 핑크문

산에 갈 채비를 마치고
현관 문을 열고 나서자
뜻밖에 마주친 핑크문!

마치 날 기다리고 있었던 것처럼
서쪽 하늘 끝에서
환하게 바라보고 있었다
내가 잠자고 있는 동안도
쉬지 않고 밝히고 있었던 듯

어젯밤
아파트 위로 떠오르던
바로 그 달, 핑크문!
어젯밤엔 어젯밤 대로 좋았고
지금은 지금 대로 반갑고
고맙기까지 했다

행복 일기 · 175
—꽃비 내린 산길에서

어제 내리던 봄비 그치고
꽃비(산벚꽃) 내린 산길
젖은 꽃잎 밟고 가는
여기는 천상 세계

구름 사이로 얼굴 내민
동녘의 조각달도
그렇다며
해맑게 웃는다

밤새 몰라보게 자란
두릅 순 한 줌에서
봄 향기 피어올라
'코로나19'는 잠시 잊었다

행복 일기 · 176
—난중에 피어난 삼지구엽초꽃

봄비 그친 산기슭에서
물기 머금고 올라온 풀고사리와
다래순 뜯는 것만으로도
기분 좋은 새벽인데

뜻밖에, 그것도 몇 년 만에 만난
삼지구엽초꽃!

닻의 모양을 닮은 독특한 모습에
귀티나는 은은한 미색 꽃!
다시 확인해도
하나의 줄기에서 갈라져 나온
세 개의 가지 끝에
다시 세 개씩의 잎
틀림없는 삼지구엽초꽃!

'코로나19' 난중에도
끄떡없이 피었구나!

행복 일기 · 177
—풀고사리를 뜯으며

봄비 내린 후
쌀쌀해진 새벽
손가락은 시려도
풀고사리를 뜯는 손이 즐겁다

온몸을 돌돌 말은 채
힘겹게 올라온 새순
솜털이 많은 건 많은 대로
적은 건 적은 대로
연둣빛 줄기는 그것 대로
짙은 황갈색 줄기는 그것 대로
톡, 톡 하나씩 뜯는 재미!

때마침
하얀 얼굴로 나타난 애기나리꽃들
얼마나 반가운지!
지금 여기선
마스크 안 해도
침방울 걱정 없는 세상
좋고 좋아라!

행복 일기 · 178

— '마스크'와 '2m' 거리

어느 날 갑자기 쳐들어온
그 놈(코로나19) 때문에
이 나이 먹도록 해본 적 없는
'마스크'와 '2m' 거리를
투덜거리며 익혀가고 있다

술 팀, 밥 팀은
아예 멀리멀리
미루고 취소하고…
편의점, 마트, 우체국, 약국, 병원은
'마스크'와 '2m'를 지키며 다녀온다

그래도 다행인 것은
새벽 산행 땐
만나는 사람 거의 없기에
'마스크'와 '2m'는 잠시 잊고
홀가분하게 갔다 온다는 것
이게 행복일 줄이야…

행복 일기 · 179

— 〈님은 먼 곳에〉의 추억

KBS의 인기 프로그램
〈노래가 좋아〉에 출연자가 부르는
〈님은 먼 곳에〉를 듣고 보는 동안
까맣게 잊고 있었던
추억 한 토막이 피어올랐다

대학 졸업을 앞두고
사은회를 마친 후
다방으로 들어설 때
김추자의 〈님은 먼 곳에〉가
울려퍼지고 있었다

자리에 앉자마자
들고 있던 노트를 펼쳐
맨 위에 '님은 먼 곳에'라고
한 줄을 적은 후
한마디씩 부탁한다며 노트를 돌렸다~
그리고 맨 마지막에
교수님(학과장)의 차례
교수님이 쓰신 한 줄은
'따라가 잡아라' 였다

49년 전 기억이다
물론 그때 그 노트도 없고
함께 있던 동창생들이 남긴
그 한 줄 글도 다 잊었지만
처음에 내가 쓴 한마디와
마지막 교수님의 한마디
잊지 않은 것만으로도
충분히 소중한 추억!
새삼스럽게 느끼는
노래 한 곡의 힘!

행복 일기 · 180
—특산 무화과 맛

먹기도 아까울만치
예쁘게 익은 무화과들
조심스럽게 따서
점심 후식으로 먹었다

무엇과도 비길 수 없는
싱싱하고 달콤한 맛에
삼키기도 전부터
고맙단 말이 절로 나왔다

혼자 사는 집
베란다에서 익었으니
농약도
미세먼지도
'코로나19' 바이러스도
염려 없는 특산품!

비좁은 화분에서 자랐는데도
속속들이 잘도 익었네

행복 일기 · 181
—기쁨의 눈물

며칠 전에 보낸 새 시집
『꽃탑10』과
『민들레꽃 시계』를 받아본
모 시인님의
전화를 받았다

너무 기쁘고 좋아서
눈물이 났다는
뜻밖의 인사말에
가슴이 쿵~
이게 무슨 일이야…

돌이켜 보니
내 첫 시집 『백두민족』을
막내고모님이 받아 보고
울었다고 했을 때
엄마 없는 어린 나를
업어 키운 고모님이었기에
그럴 수도 있겠구나 싶었었다
고마운 마음은 그 다음이었고

이 나이에, 내 시집으로 하여금
기뻐서 눈물이 났다는 사람 있다니
더 이상 어떻게 좋아!

행복 일기 · 182

—이만하면 대박, 대박이지!

새 시집 두 권을
함께 부치느라
준비 시간도
포장의 수고로움도
우편 요금도
두 배나 들었으나

신기하게도
반송된 것이
하나도 없다는 사실
얼마나 기분이 좋은지
문득, 보상이라도 받는 느낌…

이만하면 대박, 대박이지!

행복 일기 · 183
—그나마 다행인 것은

만나면 악수하고
마주보고 앉아 식사하고
좋은 술 주고받으며
이야기 나누는 즐거움이
반 년이 넘도록
옛날 이야기가 되어 버렸다

'코로나19'란
보이지 않는 위력 앞에서
기껏해야 마스크 하나 하고
버스나 택시를 타고 가서
최소한의 볼일만 보고
들어오는 게 고작

그나마 다행인 것은
새벽 산행 땐
마주치는 사람 거의 없기에
마스크 하지 않고 다녀온다는 것
이나마, 감사하는 마음으로
별스런 여름을 버티고 있다

행복 일기 · 184
—장마철 산행길

어느 구름에서 비가 내릴지 몰라
작은 우산을 챙겨 들고 나간다

우산 한 번 펼치지 않고
그냥 들어와도
그것도 다행
젖은 우산 들고 들어와도
그것도 다행
이래도 저래도 다행이다
우산 하나 있었기에

최선이 아니고
차선 차차선에서도
다행은 있다

행복 일기 · 185
—약속을 지키기라도 하듯

입추, 바로 다음날 새벽
산으로 가는 길

약속을 지키기라도 하듯
하룻밤 사이에
살갗을 설레게 하는
서늘해진 바람결과
어제까지 보이지 않던
흰 구름의 등장과 파란 하늘 빛
일 년 만에 처음 듣는
귀뚜라미 소리까지
또다시 새롭고 새롭다

나이 더해갈수록
이맘때만 되면
해마다 더 깊어지는 신비의 늪
그 무엇도 아닌
자연의 신비…
조용함 속에서의 변화!
여름 살아낸 보람 한 줌!

행복 일기 · 186
—그때 그 장면

박찬숙 전 여자농구 국가대표가
KBS 〈아침마당〉에 출연하여(2020. 8. 11.)
지난날을 이야기하는 동안
까맣게 잊고 있었던 기억 되살아나
가슴을 설레게 했다

라디오도 없었던 내가
처음으로 TV를 샀다
LA올림픽(1984) 여자농구 게임을
보기 위해서
14인치 흑백이었지만
내겐 획기적인 격한 즐거움이었다
우리나라 구기 종목 최초의
올림픽 은메달 획득 장면을
방 안에서 본 것이다

절대로 넘지 못할 것만 같았던
중공을 물리친
대한민국 여자 농구 팀의 대들보
박찬숙 선수의 맹활약!
나의 스포츠 중계방송 시청은
그때 그 장면에서부터였다

행복 일기 · 187
—오늘 새벽 바람

오늘 새벽 바람이
달라졌다

산길 오를 땐
어제처럼
얼굴에 흐르는 땀 닦느라
별 생각 없었지만

내려올 땐
그게 아니었다
얼굴에 땀이 잦아들고
땀에 젖어 달라붙었던 메리야스가
어느새 마르고 있었다

아! 그리고
주방에 널려 있던 행주가
밤새 꾸덕꾸덕해졌다
보송보송까진 아니지만…

폭염 특보는 계속되고 있지만
오늘 새벽 바람은

넌지시 알려주고 있었다
여름 끝나가고 있다고
고맙다 바람아!

행복 일기 · 188
—어린 영지버섯을 옮겨 심으며

긴 장마와
두 차례 태풍 지나간 후
눈에 익은 좁다란 등산길
군데군데 나무 뿌리가 드러나 있는
비탈진 곳에
언뜻 잔돌처럼 보이는
어린 영지버섯 하나!

당장이라도
무심하게 오가는 등산화에 밟혀
없어질 것 같은 위태로운 자리
망설일 것도 없이
안전하고 은밀한 곳으로 옮겨 심었다

어느 정도 자라고 나서
누군가 알아보고 따 가는 건
그 다음 일이고
어렵게 태어났는데
우선은 조금은 더 살 길 바라며

행복 일기 · 189
―반갑다, 알밤아!

'어, 알밤이네!'
새벽 산길에서 만난
올해 첫 알밤이다

긴긴 장마와 폭우
두 차례 태풍까지 지나가고
'코로나19'와의 힘겨운 전쟁 중에도
알밤은 익어가고 있었던 것
그 어느 해보다도
반갑고 고마운 알밤!

오는 길에
편의점에 들러
'이거, 올해 처음 주운 거예요'라며
주인 아저씨에게
두어 줌의 알밤을 건네주었다

내가 농사 지은 것도 아닌데
왜 이렇게 기분이 좋을까?

행복 일기 · 190
—가을에 열린 무화과

어머나! 이게 무슨 일이야?
아파트 화분에서
초여름에 무화과를 따먹었는데
추석이 지난 가을날
한 가지 끝쪽에
어린 무화과가 또 열렸다

무화과를 따먹은 후
예년에 하던 것처럼
가지를 잘라 버리려다
그냥저냥 미루어진 것인데
이런 경사가…
그때 그 가지 잘라 버렸으면
못 봤을 행운!

이것도 기후 변화 때문인가?
하지만, 이미 열린 것
잘 익었으면 좋겠다

행복 일기 · 191
—진짜 가을 꽃다발

새벽 산행에서 돌아오는 길
얼굴엔 마땅찮은 마스크를 했지만
손에는 싱그러운 작은 꽃다발 하나
춤추는 가을!

진보라색 꽃향유꽃
연보라색 쑥부쟁이꽃
노랗고 자잘한 산국꽃
제법 큼직한 노란 뚱딴지꽃까지
빛깔만큼이나 잘 어우러진
춤추는 향기!

코로나야!
너 똑똑히 보았지?
진짜 가을 꽃다발
네가 아무리 설쳐대도
꽃은 피고 핀다는 걸
꽃은 피고 핀다는 걸

행복 일기 · 192
—골드세피아꽃을 보며

이 산 저 산 단풍으로 물들고
거리에도 노란 은행잎 날리고 있는데
너는 어찌하여
지금 피어나고 있느냐?

멀리 이국땅까지 와서
아파트 화분에서 살다보니
아마 계절도 잊었을까?

언뜻, 산죽을 닮은 잎과 줄기에
연둣빛 가냘픈 송아리 하늘하늘!

너를 바라보는 내 마음
마치 봄기운에 홀리기라도 하듯
두근두근 노곳노곳해진다

행복 일기 · 193
—잔솔가지 입에 물고 있는 반달

솔 낙엽 깔려 있는
정든 소나무 아래 멈춰
맨손체조를 하다 올려다본 하늘
거기
잔솔가지 입에 물고 있는 반달
해맑은 얼굴과 마주쳤다

다음 동작 잊은 채
멈출 수 없는
설레는 가슴

말 없는 솔잎
조용한 미소 머금고
쏟아지는 달빛
아침을 부르는 감탄사!
새뜻한 향기!

행복 일기 · 194
—단감 씨에서 새싹이 나왔어요

단감을 먹고, 그 씨를
빈 화분에 심어 두었는데
아, 글쎄
콩나물 올라오듯
새싹이 나왔어요
거무칙칙한 모자를 쓰고

앞으고
의젓한 나무로까지
자랄 수 있을런지는 알 수 없지만
우선은 반갑고 축하할 일!

쓰레기봉투에 버려졌을 씨가
뜻밖에 새 생명으로 태어날 줄이야…
지금은, 마냥 약하고 여린 모습
이왕 태어났으니 잘 자라기를…

행복 일기 · 195

—새삼스레 고마운 옛 옛 친구들

연말(2020년)에는
얼굴도 잘 기억 안 나는
어릴 적 고향 마을 친구가 보낸
견과를 받았는데

연초(2021년)에는
중학교 동창생이 보낸
손글씨 편지를 받았다

몇 년 전까지만 해도
전혀 생각지도 않았던 남자 친구들
그런 친구들이었지만
내 이름으로 나간 시집이
다리가 되어
늘그막에서야 이어진 인연들

다음에 나올 시집 보내줄 이유가
차고도 넘치게 되었다
새삼스레 고마운 옛 옛 친구들

행복 일기 · 196
—좋으면 됐지

하루, 하루
오늘 하루
좋으면 됐지
그냥 좋으면 됐지

돈 따라다니다 넘어지고
사랑 찾아 헤매다 가슴 무너지고
행복 바라보다 눈멀고 나면
세상 다 무슨 소용

하루, 하루
오늘 하루
좋으면 됐지
그래, 좋으면 그만이지

행복 일기 · 197

—별것 아닌 게 어디 있을까?

첫 시집 『백두민족』(1991)을 낸 지
30년(2021) 되도록
35권의 시집과
1권의 단편소설집을 내면서
각종 문예지에 수록한 작품은
그 목록을 꼬박꼬박 작성했지만
그밖의 도서에 이름이 오른 것은
별것 아니라 여기며
메모조차 하지 않았다

어느 날 문득
목록이라도 작성하자는 생각에
먼지 낀 책을 찾아내어
이리저리 펼쳐보는 사이
잊고 있었던 지난 일들이 소환되며
책들에게 미안하고 부끄러운 마음…

○한국을 움직이는 인물들(중앙일보사 · 1996)
○Who's who in Korea(Who's who Korea inc · 2001)
○한국시대사전(을지출판공사 · 개정판 · 2002)
○현대 한국인물사(한국민족정신진흥회 · 2004)

○한국현대시인사전(월간 한국시사 · 2004)

○노블레스 인 코리아(후즈 후 코리아 · 2007)

○한국시대사전(이제이피북 · 개정증보판 · 2011)

○매곡면지(매곡면지 편찬위원회 · 2016)

○전국문예비총도록(계간 문예춘추 · 씨올의 소리 · 2017) 등

세상에 별것 아닌 게 어디 있을까?

존재 그 자체가 별것인 것을…

행복 일기 · 198
—새삼스러운 숫자

약국 '복약 안내' 카드 첫 줄
이름 옆에 '만 77세'
이게 내 나이란 말이지!

44년생이란 건
알고 있는데
77세도 외워야 하나?
몇 달 후면
78세로 고쳐야 하는데…

77세 되도록
이런저런 곡절 있었다 해도
하고 싶은 일 하면서
여기까지 왔으니
이 또한 행운 아닌가?

행복 일기 · 199
—웃음을 남기고 사라진 들고양이

부지런한 산새들의
새벽잠 깨는 소릴 들으며
좁은 산길 오르다가
눈앞에 웅크리고 앉아 있던
들고양이 한 마리가
날 보고 깜짝 놀라
몸을 돌려 뛰어오를 때
때마침 내려오던 한 사람과 마주치자
또다시 놀라며 급한 나머지
정신없이 숲속으로 뛰어 달아났다

이 광경을
올려다보던 나와
내려다보던 한 사람(중년 남자)이
어느새 마주 바라보며
동시에 환하게 웃고 있었다
놀라 달아난
고양이에 대한 미안함과
뜻하지 않은 긴급 상황 발생으로
한 번도 경험한 적 없는
복잡한 의미의 웃음 웃으며
둘은, 초면 인사를 나누었다

행복 일기 · 200
—들고양이 가족의 행복한 시간

아파트 옆 외진 도랑가 풀숲에서
아주 멋진 진풍경이 벌어졌다

깜냥으로는 안전하고 전망 좋은 곳에
의젓하게 자리잡고 앉아
바라보고 있는 어미 고양이 앞에서
신바람 나게 놀고 있는
아기 고양이 다섯 마리
기어오르고 뛰어내리고
서로 안고 뒹굴며 하는 폼이
쉽게 멈출 것 같지 않는
행복 그 자체인 것 같았다

도로변 가림 시설 건너에서
벌어지고 있는 뜻밖의 광경에
가던 걸음 멈추고
1호 관객이 되었다

어미는 지금 무슨 생각 하고 있을까?
아기들의 털 색깔은
왜 똑같지 않을까?
잠은 어디서 자는가?

제3부

오늘의 서사시

4351주년(2019) 개천절에

우리나라 하늘이 열린 지 반만 년
오늘은 단기 4352년 10월 3일

올해 7번째로 불어닥친 태풍 '미탁'이
오늘 새벽 남부지방을 통과
경북 동해안으로 빠져나가면서
사망 10명, 실종 4명(밤 9시까지) 등
많은 피해를 남기고 있는 상황

어제 파주 문산에 이어
오늘은 김포에서 13번째로
아프리카 돼지열병 확진 발표

여당 의원이
조국(법무부장관) 수사팀을 고발하는
사상 초유 사태

경찰에선, 정경심(조국 부인)을
비공개 소환 조사 시작

제1야당과 범보수 측에선

현 정부 규탄, 조국 퇴진 집회
광화문, 서울광장, 숭례문, 서울역까지 행진
일부 시민은 청와대 앞 노숙 집회

대학로에서는 대학생 연합과 청년들의
조국 퇴진 촛불 집회

시국선언 대학교수들은
릴레이 '조국 토론회' 실시

종교 단체(기독교·불교·천주교)에선
문 정부에 항의하는 타종

북한에선
어제, 탄도미사일 '북극성-3형'
시험 발사에 성공했다고 발표하면서 7개월 만에
조·미 실무협상 준비 차
대표단 스웨덴으로 출발한다고

부산에선
제24회 부산국제영화제 개막

개천절 경축식장에서는
수준급 경축 공연을 보며
영혼 없는 박수를 치는
맨 앞줄에 앉아 있는 사람들
과연 이분들은
국조 단군의 '홍익인간' 이란
건국 이념 대로
세상을 이롭게 할 생각이나
하고들 있을까?
그나마, 대통령과 제1야당 대표는
그 자리에 나오지도 않았다

'3면 얼굴 신라 토기' 발견

1개의 둥근 흑색 토기(높이 28cm)에
표정이 조금씩 다른
세 가지 얼굴 모습
1600여 년 전 신라 토기가
목간 등의 유물과 함께
경북 경산 소월리에서 발견되었다는
화랑문화재연구원의 발표(2019. 12. 3.)

삼면에 또렷이 새겨진
무표정하고
심각하고
말하는 듯한
서로 다른 얼굴 형상에
같은 간격으로 구멍을 뚫어
귀를 표현한 경이로운 작품
지금까지 이런 토기는 없었기에
많은 연구가 필요하다는
관계자의 말

화려하진 않지만
여러 가지를 생각하게 하는
놀라운 솜씨…

닮은꼴 찬스맨

북한 김정은 국무위원장은
어렵게 추진한 스톡홀름에서의
북·미실무회담(2019. 10. 4~5.)이
소득 없이 결렬된 후
돌파구가 마땅치 않은 가운데
조선인민군 제810군부대 산하
116호농장을 방문하여 현지 지도하며
잘 익은 벼 이삭과 옥수수를 들고
자력갱생을 외치며
함박웃음을 짓고 있는 모습을
매체를 통해 보도했다(2019. 10. 9.)

문재인 대통령은
출구가 보이지 않는 조국 사태와
한·일 등 외교 문제가 장기화되고
지지도 최저의 여론인 가운데
삼성디스플레이 아산공장에서 열린
신규 투자 및 상생협력 협약식에
참석하여(2019. 10. 10.)
'우리 삼성'
'한국 경제 이끌어 줘서 감사'

'누구도 못 넘볼 디스플레이 강국을 만들자' 며
이재용 삼성전자 부회장과
환하게 웃고 있었다

참 별난 사의 발표

드디어, 기다리고 기다리던
〈뉴스 속보〉 자막이 춤을 춘다
'조국 법무부장관 사의 발표'
많이 늦었지만 그나마 다행

겨우 한 달 남짓
온갖 뉴스의 진앙지가 된
위선과 거짓의 자리 지키며
불공정과 불법으로 춤추다가
성난 민심에 밀려 물러나는 사람이
자기가 자기를
'검찰 개혁의 불쏘시개' 였다고
그럴싸한 포장을 남겼다(2019. 10. 14.)

불 같은 민심을 무시하고 임명한
대통령 또한, 매우 송구스럽다면서도
검찰 개혁의 역할을 다했다며
꿈 같은 희망이었다고 아쉬워했다

장관 후보 지명으로부터
두 달여 동안

광화문과 서초동으로
국민을 갈라놓은 죄
정치를 실종시킨 죄는
인식하지도 못한 것 같은
참 별난 사의의 변

질긴 민심이 승리하였다는 걸
인정하고 싶지 않았겠지?
'너는 안 된다'는 민심을
'너만이 할 수 있다'는
착각에 빠져 있었으니까

아침에, 개혁 완성을 외치며
'검찰 개혁 방안'을 발표하더니
오후에, 돌연 사의를 발표하고
사퇴 수리 20여 분 만에
서울대 복직 신청
이를 덥석 받아준 서울대
이틀 만에 월급 수령
대한민국 서울대가 이렇구나…
끝까지 조국식 법 조련사답게

상상 초월이다

현 정권의 지지율 하락에
비로소 '앗차!' 한 실권자나
가족이 만신창이 된 것만 알지
국민이 입은 상처는 모르는 당사자
당·정·청의 떼권력으로
나라를 온통 '조국의 늪'에 빠지게 해놓고
책임지는 사람은 아무도 없다

참 희한한 남북 축구 평양전

2022 자카르타 월드컵
2차 예선 3차전 경기가
평양 김일성경기장에서 열렸다(2019. 10. 15.)
29년 만에 열린 평양 원정 경기

세계 축구 사상 처음 보는
참 희한하고 황당한 경기였다
그 넓은 경기장엔
선수와 심판과 기자(북한) 5명이 전부
자진 무관중, 무중계에
결과 또한 0:0의 무승부
아무리 체제와 이념이 다른
적대국과의 경기라도
이럴 수는 없는 일
북한이 정상국가 되긴 아직도 먼 듯

이틀 후, 국정감사에 나온
통일부장관(김연철)은
마지못해 실망스럽다고 하면서도
'무관중 남북 축구'에
북한이 공정했다는 해석도 있다며

북한을 두둔하는 듯한 인상…

서로 지지 않으려고
얼마나 치열하게 뛰었을까?
거친 경기에 다치지 않은 것만도
다행이라는 선수들의 말…

지난해 판문점 선언(4. 27.)과
평양 공동선언(9. 19.)으로
남북 교류 확대를 합의한 것이
진정이었던가 싶다
내년 도쿄올림픽 단일팀 구성과
2032년 올림픽 남북 공동 개최도
다 헛방귀 소리?

광장 민주주의 색깔 물결

국회 민주주의가
산으로 갈지 바다로 갈지 몰라
제자리걸음만 하고 있으니
광장으로 쏟아져 나온
붉은색 노란색 물결!

거센 여론의 파도에 밀린
조국 법무부장관이 끝내 사퇴했지만
이것으로 끝난 게 아니라
주말이면 여전히 거리로 모이는
새로운 양상의 물결!

광화문광장에서는
'조국 구속'
'공수처 반대'
'문재인 탄핵'
'국민 명령, 공정 정의'란
붉은 그물이 출렁거리고
여의도 국회의사당 앞에서는
'설치하라 공수처'
'응답하라 국회'와

노무현 전 대통령과 문재인 대통령
조국 전 장관의 얼굴이 그려진
노란 그물이 출렁거리고 있다

진정 국민을 위함보다는
색깔 따라 모이는 것 같은
썩 아름답지 못한 거리 예술(?)
언제까지 나라가 이래야 하나…

역도 선수들의 평양 경기 소감

평양 류경·정주영체육관(2019. 10. 20~27.)
2019 아시아 유소년·주니어 역도선수권대회

북한 입국 수속 때
한국에서 가져간 라면은
고기가 들어갔다고 압수당했지만
돌아올 땐
금(14), 은(20), 동(19)
53개의 메달을 따왔다

지난 15일, 김일성경기장에서
관중 없는 경기를 하고 온
축구대표팀만큼은 아니었지만
역도 선수들의 소감도 황당했다

휴대폰이 없는 선수들은
일주일을 거의 호텔(5성급)에서
답답하게 지냈으나 덕분에
선후배들과 많은 이야기를 나누었다고
숙소의 음식과
경기장 훈련 시설은 좋았지만

경기장 밖은
한국의 1990년대 모습 같았다고

대회 기간 동안
남북 선수간 대화는 전혀 없었으며
북한 관중은
북한 선수들한테만 박수를 쳤으며
한국 선수 경기와 시상식 땐
우르르 자리를 비웠다가
북한 선수 시상식 때 돌아와
국가를 제창했단다

면면히 이어지고 있는
스포츠 분야지만
남북간의 현 상황이 이렇다
지난 평창 동계올림픽을 생각하면
'아, 옛날이여!'가 되었네요

손흥민, 한국 축구 역사 새 기록

1989년 3월 당시
차범근(독일 분데스리가 레버쿠젠) 선수가 세운
유럽 축구 개인 통산 121호 골
그 영원할 것 같았던
이른바 '차붐'의 기록이
30년 만에 깨졌다

손흥민(27세 · 토트넘) 선수가
2019~2020 시즌 유럽축구연맹
챔피언스리그 B조 4차전(2019. 11. 7.)에서
개인 통산 122 · 123호 골을 넣어
세르비아의 츠르베나 즈베즈다를
4:0으로 이기므로
한국 축구의 새 기록을 세웠다

당시 차범근 감독의 121호 골은
선수를 끝내는 시점의 골이었지만
손흥민 선수의 123호 골은
전성기의 골이므로
지금부터 손흥민 선수가 넣는 골은
신기록 행진의 전설이 될 것이다

한국 축구의 자랑!
박수를 치고 또 친다

장한나, 지휘자로 국내 순회

첼로는 첫사랑이었다는
장한나(37세) 씨가
노르웨이 트론헤임 오케스트라의
상임 지휘자가 되어(2017)
서울 예술의전당 무대(2019. 11. 13.)에 이어
부산·대구·익산에서 지휘대에 오른다

그녀는 12세(1994)에
자기보다 더 큰 첼로를 들고 나와
로스트로포비치 국제 콩쿠르에서 우승
세계적인 관심을 받기 시작한 후
성남아트센터 오케스트라 지휘(2007)
런던·드레스덴·도쿄 등지에서
객원 지휘를 거쳐
카타르 필하모니 음악 감독(2013)
영국 BBC뮤직매거진에 의해
'최고 여성 지휘자 19인'에 선정된(2015)
세계적인 거장!

여성 지휘자가 극히 드문
사회적 현실에서

이번 국내 순회 무대의 성황을
믿어 의심치 않는 마음으로
축하의 뜻을 한아름 전합니다

국립태안해양유물전시관 개관

충남 태안 신진도에
1·2층 4개 전시실을 갖춘
국립태안해양유물전시관을 개관했다(2019. 11. 18.)

2007~2010년 동안
충남 태안 마도 해역에서 발굴된
고려청자 운반선인
'마도 1호선'과 5척의 침몰선
그리고 인천·안산 해역에서 침몰된
3척의 배에서 건져올린
고려시대 유물 3만여 점을
한자리에서 볼 수 있게 되었다

길이 10.8m, 너비 3.7m, 길이 2.89m의
실물 모형 '마도 1호선'은
곡물 1000석을 실을 수 있는 규모로
목포(국립해양문화재연구소 소재)에서
보름 동안 실제 항해해 왔으며
침몰선에서 발견된 목간과 죽찰로
절대연대가 확인된 최초이자
유일한 고려 해양문화유산이며

청자 연꽃줄기무늬 매병과 죽찰
두꺼비 모양 벼루 등 보물 3점
동종 꾸러미의 수많은 생활 자기
철제 솥과 뚜껑
청동 수저와 국자, 장기알
벼, 쌀, 콩, 조, 메밀 등의 유물은
당시의 생생한 정보 자료

전시실 한쪽, 유리관의 인골은
태안선 발굴 때 나온 것으로
화물칸에서 빠져나오지 못한 현장인

수백 년간 갯벌 속에 묻혀 있던
침몰선과 유물이 노출된 계기는
1990년대 마도의 신진도가
육지로 연결되면서
바다의 물길이 바뀌고
해저 지형 변화가 있었기 때문인데
아직도 묻혀 있을 유물은
또 얼마나 더 있을까?

김세영, CME그룹 투어 챔피언십 우승

미국여자프로골프(LPGA) 투어 시즌 최종전
CME그룹 투어 챔피언십
마지막 4라운드(2019. 11. 25.) 18번 홀
8m 거리의 버디 퍼트 상황
성공하면(18언더파) 우승
실패하면 찰리 헐(잉글랜드)과
연장전으로 가야 하는 숨막히는 순간
'빨간 바지의 마법' 이라도 보여주듯
공은 홀 안으로 사라졌다

이날, 김세영(26세) 선수는
역대 최고 우승 상금인
150만 달러(17억 6000만 원)의
주인공이 되었음은 물론
상금 랭킹 2위
시즌 3승(세계 랭킹 6위)
박세리(25승), 박인비(19승), 신지애(11승)에 이어
한국 선수 4번째로
개인 통산 10승 선수가 되었다

시즌 개막전(토너먼트 오브 챔피언스)에서

지은희(33세) 선수의 우승으로부터
최종전(김세영 우승)까지
32개 대회 중, 한국 선수 15승!
시즌 최다승(2015·2017) 타이 기록 달성
이정은6(23세) 선수는 올해 신인상
세계 랭킹 1위인 고진영(24세) 선수는
시즌 4승을 차지하며
올해의 선수상에 이어
상금왕·최저타수상을 휩쓸며
LPGA의 가장 큰 별이 되었다

* 2019년 LPGA 우승(15승) 한국 선수들: 고진영(4승), 김세영(3승), 허미정(2승), 박성현(2승), 이정은6(1승), 지은희(1승), 양희영(1승), 장하나(1승)

손흥민의 73m 드리블 골

영국 런던 토트넘 홋스퍼 스타디움
잉글랜드 프리미어리그 16라운드 경기
번리와의 대전(2019. 12. 8.)

전반 32분, 토트넘 진영 패널티 박스
왼쪽 모서리에서 공을 잡은
손흥민(27세 · 토트넘) 선수가 드리블 시작
상대 선수 5명 사이를 돌파
상대 위험 지역 근처에서
3명을 더 제치고
골키퍼 정면에서 오른발 슈팅, 골~
11번의 트래핑과 1번의 슈팅
12초에 73m를 질주한
'손흥민 축구 마법'의 장면!

토트넘은 번리에 5:0 승리
손흥민의 시즌 10호 골(9도움) 겸
정규리그 5호 골(7도움)
최근 시즌 연속 두 자릿수 득점

조세 모리뉴(56세 · 포르투갈) 토트넘 감독은

오늘 손흥민은
'손나우드(손흥민+호나우두)' 였다고 했으며
손흥민 선수는 인터뷰에서
패스 타이밍을 놓쳐서
전력 질주했는데
홈에서 이런 골을 넣어 자랑스럽다고…

한준희 해설위원은
엄청난 스피드와 가속력이 만든
이 장면은
한동안 자주 볼 것 같다며
스웨덴 월드컵 당시(1958)
펠레의 결승전 득점 골이 떠올랐다고…

이날, 손흥민에게
아시아축구연맹(AFC) 올해의 국제선수상
트로피를 전달하기 위해
현장을 찾은 선배 박지성(39세)도
흐뭇한 표정으로
후배의 활약을 지켜보고 있었다네요

여성 공군 비행대대장 3명 탄생

공군 창군 70년(2019)을 맞아
우리나라 최초의
여성 비행대대장 3인이 탄생했다

제5공중기동비행단
261공중급유비행대대장 장세진 중령
제16전투비행단
202전투비행대대장 박지연 중령
제3훈련비행단
236비행교육대대장 편보라 중령

이들은
공사 최초 여성 사관생도로
입교(1997년)한 후
고등비행교육과정 수료(2002년)
공군 첫 여군 정식 조종사가되어
여군 최초 수송기 조종사
여군 최초 전투기 편대장
여군 최초 비행 교관으로
여성 '최초'란 타이틀을 달고
활약해 온 실력자들

그 멋과 용기의 삶에

큰 박수를 보낸다

63호분 가야 무덤 열리다

경남 창녕군 목마산 중턱
교동 가야 고분 63호분의 뚜껑돌을
크레인으로 들어올리자
1500년 전 '타임캡슐'이
햇빛을 보게 되었다(2019. 11. 28.)

250기의 비화가야 지배층 무덤군 중
도굴되지 않은 원형 상태로는 처음인
역사적인 순간!
문화재청과 국립가야문화재연구소가
2016년부터 39호분을 조사해 오던 중
그 아래쪽에서 발견되었다고

뚜껑돌 7개 중
2개를 들어올리자
두 번째 돌 아랫부분에
귀신을 쫓기 위한 것으로 보이는
붉은색 칠이 선명했으며
공간을 구분한
직사각형 석실(가로 1.9m, 세로 6.4m)에는
토기 · 매장자 · 토기 · 순장자 · 토기가

차례로 드러났다
토기는, 창녕 토기의 특성인
굽다리 접시와 점열 무늬
짙은 검은색이 확연했으며
살포(농기구) 등의 철기도
찌그러지고 녹슨 채 발견

앞으로 정밀 조사와 수습엔
상당한 시일이 필요하지만
금관가야·대가야·비화가야 등이
신라에 병합되면서
남은 기록이 많지 않은 상황에서
온전한 형태의 무덤이 발굴되므로
가야의 정교한 장송의례와
고분 축조기술 등을 알 수 있는
고고학적 의미가 크다는
관계자의 말

연천 민통선 내 고인돌 무더기 발견

경기 연천군 중면 마거리
민통선 내 진명산 까마봉
정상 부근(해발 266m) 산비탈에서
가로 3m, 세로 2m, 두께 70~100cm의
청동기 시대 남방식 고인돌인
'무지석 지석묘(돌기둥 없이 바닥에 작은 돌을 깐 고인돌)' 1개를 비롯
다수의 고인돌이 발견됐다고
이병주 국사편찬위원회 경기연천군 사료조사위원이 발표했다(2019. 12. 2.)

인근 콩밭 옆
비슷한 크기의 무지석 지석묘의
상석 바깥쪽엔 직경 3~4cm, 깊이 2~5cm의
'성혈(별자리)' 5개가 파여 있으며
그 옆엔 자연석 선돌(가로 1m, 세로 2m)도 있다

500m 이내 주변에
7개는 일렬로 땅에 묻혀 있고
5개는 흩어져 있으며
밭을 개간하며 들어낸 것으로 보이는
6개가 방치돼 있는 상태

선돌 100m 지점에 있는
북방식 지석묘(받침돌이 양쪽에 있는)는
받침돌이 쓰러진 상태로
상석이 비스듬히
받침돌 위에 놓여 있기도

이곳에서 1km 거리인
연천군 중면 적거리 민통선 내에서는
국내 처음으로(2005년 7월)
원형이 완벽한 무지석 지석묘가
발견되기도 했던 곳

임효재(전 서울대박물관장)
동아시아 고고학연구회장은
남방식·북방식 고인돌을
동시에 연구할
중요한 고고학적 자원으로 진단하며
앞으로, 연천 민통선 지역 고인돌과
북한 평양의 고인돌을 연계
유네스코 세계문화유산 등록을
동시에 추진할 가치가 충분하다고

박항서 감독의 리더 신화

베트남 남자 축구 국가대표팀이
60년 만에
동남아시아 경기(SEA 게임)에서
마법 같은 우승을 한 날(2019. 12. 10.)
금성홍기(베트남 국기)의 물결 속에
우리의 태극기도 나부끼고 있었다

2017년 10월
베트남에서 새 축구 인생을 시작한
박항서 감독이
불과 2년여 만에
한 나라의 꿈을 이뤄준 리더로
우뚝 섰기 때문이다

경기를 본 베트남 사람들은
박 감독의 열정적인 모습을 보고
'아버지의 리더'라며
감동의 환호가 그치지 않았다

우리에게도 그런 영감에 환호하던
좋은 기억이 있다

월드컵 4강 신화를 만든
2002년 히딩크 감독과의 추억!

성과로 굳어지는 리더의 신화!
신뢰로 배가 되는 감동!
감동으로 살아나는 새로운 힘!
박항서 감독의 매직 신화로
다시 떠오르는 히딩크 감독과의 추억…

박 감독의 바람대로
그가 이끄는 베트남 선수들이
도쿄 올림픽(2020년) 본선 진출
카타르 월드컵(2022년)
최종예선 진출에 성공하기를 기원한다

'작약도'가 '물치도'라네요

인천시 동구 만석동의 작은 섬
'작약도'의 본래 이름이 '물치도'라네요

옛부터, 강화해협의 거센 조류를
치받는 섬이라 하여
'물치도'라 하였다는데…

일제강점기에 이곳을 매입한
일본인 화가가
섬 모양이 작약꽃 봉오리를
닮았다 하여 '작약도'라 불렀다네요

조선시대의
'어영청등록'과 '고종실록'에도
'물치도'로 기록되어 있지만
일본이 측도한 지형도(1917년)엔
'작약도'로 둔갑한 슬픈 이야기

3·1운동 100주년(2019년)을 맞아
인천 동구에서 추진하고 있는
'물치도' 지명 변경이

순조롭게 이루어지길 기대한다

'작약도', 아니 '물치도' 엔
잊을 수 없는 내 추억도
두어 장 접혀 있는데…

23개 터키 고대 유적 이사 완료

CJ대한통운 자매사인
CJICM(중동지역 물류회사)은
터키 고대 유적 23개를
4.7km 떨어진 문화공원으로
통째로 이전하는 데
성공했다고 밝혔다(2019. 12. 25.)

터키 남동부의 하산 케이프 지역이
일리수(Ilisu) 댐 건설로
수몰 위기에 처하면서
2017년 5월부터 시작된
국가적 '하산 케이프 프로젝트'

500년 이상 역사를 지닌 고대 무덤
'제넬 베이 툼(Zeynel Bey Tomb)'
800년 전 사용했던 목욕탕
'아르투클루 베스(Artuklu Bath)'
600년 이상 된 고대 유적
'키즐라(Kizlar) 모스크' 등
'엘 리스크(Er-Rizk) 모스크'를
운송하는 걸 끝으로 마무리된

어머어마한 대수송 작전

23개 고대 유적(1만2064톤)을
해체하지 않고 통째로 옮긴
세계사적 놀라운 대역사!

전주 '얼굴 없는 천사' 성금 도난

세상이, 아무리 천태만상이라지만
팔다리 멀쩡한 30대 남자(2명)가
'얼굴 없는 천사'가 살며시 놓고 간
성금 상자를 노리고 있다가
그걸 몰래 들고 달아났단다(2019. 12. 30.)

지난 2000년부터 19년째 이어온
20차례의 고귀한 선행!
연말이면 꼬박꼬박 실천한 큰 뜻!
자그만치 6억 8천만여 원

그동안 전주시를 비롯하여
전국적으로 퍼져나간 '천사 효과' 되어
많은 익명 기부자 생겨났는데…

지혜로운 주민의 제보와
추적에 성공한 경찰 덕분에
용의자를 연행하고
성금(약 6천만 원)도 되찾은 건
그나마 다행

세상이, 아무리 천태만상이라 해도
할 짓 안 할 짓은
가릴 줄 알아야지요

* 제보 시민: 포상금(200만 원) 기부

대통령의 빚

문재인 대통령이
신년기자회견(2020. 1. 14.)에서

'조 전 장관이 지금까지 겪은 고초만으로도 아주 크게 마음의 빚을 졌다'며
조 전 장관을 이제 놓아주자고…

세상에, 세상에나
이런 기가 찰 노릇이…
국가적 공무 자리에서
대통령이 할 말인가?

본인이 대통령이란 사실을 잊었거나
서초동과 광화문 국민 모두가
대한민국 국민이란 사실을
모르는 게 아닌가 묻고 싶다

당신은 조국 개인에게 진 빚보다
대한민국 국민에게 진 빚이
얼마나 더 크다는 사실을
정녕 모른단 말인가?

당신은 조국의 고초만 알고
국민의 고초는 모르는 모양인데
따지고 보면, 조국 고초의 원인은
누구 때문인데…

시드볼트, 2019년 관심 종자 10종

경북 봉화 문수산 자락에 위치한
국립백두대간수목원에 있는
야생식물 종자 저장시설인
'시드볼트(Seed Vault)' 에서
지난해(2019) 기탁받은 종자 중
의미 있는 10종을 발표했다(2020. 1.)

① '아라홍련' 의 후계 씨앗
고려 연못 터(경남 함안)에서 발견돼
700여 년 만에 싹을 틔우고 꽃피운
연꽃(아라홍련)의 후계

②우리나라 최고령(550년) 철쭉 씨앗
경북 봉화 옥석산 자생 철쭉

③학사대(합천 해인사) 전나무 씨앗
태풍 '링링' (2019. 9.)으로 쓰러진
학사대 전나무(천연기념물 제541호)

④구상나무 씨앗
우리나라 고유종 자생식물이지만

집단 고사로 보존이 시급한 수종

⑤갯황기 씨앗
석모도(2004년)와 강화도에서 발견된
일본 특산종

⑥완도호랑가시나무 씨앗
완도·제주도·변산반도에서만 볼 수 있는
우리나라 특산종

⑦울릉국화 씨앗: 울릉도 특산종

⑧주목 씨앗
백두대간 고산지대 자생식물이지만
환경 악화로 희귀식물이 된 취약종

⑨버들바늘꽃 씨앗
강원도 등지에 보기 드문 자생식물

⑩백당나무 씨앗
서아시아 그루지야국립수목원으로부터

기탁받은 수종

지난해(2019) '시드볼트'에
추가 저장된 것은
110과 1028종 8500점
현재까지 저장된 것은
총 195과 3478종 5만5039점
200만 점 이상 보존이 가능한
세계 유일한 '시드볼트'가
우리나라에 있다는 것에
무한한 자긍심을 느낀다

두 번째 교수 시국 선언

사회정의를 바라는
전국 교수 모임(정교모) 소속
6094명 대학교수들이
서울 프레스센터에 모여
지난해에 이어 두 번째로
시국 선언을 발표하고(2020. 1. 15.)
청와대 앞까지 행진했다

도대체, 무엇이
교수들을 거리로 나오게 하였을까?

지난해에 저지른
조국 전 법무부장관 사태가 몰고 온
상상 이상의 비상식적 독주에
분노했기 때문임을 누가 모를까?
그 여파로 일어난 국론 분열
어디까지 갈지 알 수 없어
어수선하고 불안 불안한 날들

툭하면 외쳐대던
공정성마저 잃은 현 정권은

위험한 독주를 멈추고
그날이 그날 같은 야당은
국민을 인질로 삼는 어리석음으로
공범이 되지 않기를 바라는 뜻
아는지 모르는지…

여자배구 인기, 고공 행진

평균 시청률(2019~20 V－리그)
여자부 1.07%
남자부 0.88%
프로농구 0.2% 이하
지난해(2019) 프로야구 0.88%

이런 시청률(2020년 1월말)엔
그럴만한 이유가 충분히 있다
6개 구단 선수들은
실력과 외모를 겸비한 건 기본
끼가 넘치는 스토리까지 갖고 있으며
남자배구에 비해
외국인 선수(용병) 의존도가 낮고
팀간 전력 상향 평준화로
경기가 완전히 끝날 때까지
승패를 예상할 수 없을 정도로
아기자기한 재미는 물론
몸을 아끼지 않는 멋진 랠리로
아슬아슬 짜릿하게 끌고 간다

또 한 가지 빼놓을 수 없는 것은

관중과 시청자가 동시에
느린 화면(비디오 판독)을 보면서
'와~' 또는 '아~'라며 즐기는 것도
경기의 일부가 되어 선수들과 함께
'공정성'의 충족까지 느끼며
경기장마다 만원 관중을 이룬다

국제경쟁력으로 따져봐도
'월드스타' 김연경(터키 엑자시바시)의
꾸준한 맹활약은 물론
런던 올림픽(2012) 4강
리우 올림픽(2016) 8강
오는 7월에 있을
도쿄 올림픽 출전권도 따낸 상황

스포츠토토 지원금을
유소녀 선수 육성에 쓰면서
실력 있는 대형 선수들의 등장으로
신인이 주전으로 자리잡는 것도
신선한 활력소가 되고 있는 중이다

기부자는 나의 아내

아내의 유언에 따라
3년째 장학금을 기탁하고 있는
윤종섭(68세) 충북 제천문화원장

그의 부인
고 김기숙(전 제천시 미래전략사업단장)
사망(2017. 12.) 이후 받는
공무원 유족 연금 1년치(1080만 원)를
제천시 인재육성재단에 기탁(2020. 1.)

김 전 단장은, 뇌종양으로 별세하면서
매월 나오는 유족 연금을
장학금으로 써달라는 유언을 남겼고
윤 원장은
그 약속을 지키고 있다는
아름다운 이야기

김 전 단장은
40여 년 제천시청에 근무한
부부 공무원으로
제천시 인재육성재단 장학 사업에

심혈을 기울였음은 물론
가족 없는 할아버지를 집으로 모셔
13년을 함께 살고 장례까지 치른
존경스런 아내였다며
본인도 아내처럼 죽은 후에도
장학금을 기부할 것이라는 윤 원장

참으로 대단한
그 아내의 그 남편
아무나 흉내낼 수 없는
'특급 기부 천사'가 이 땅에 있네요!

우한(중국) 발 우환 열차

중국 우한시에서 발생한
눈에 보이지도 않고
예방도 치료 약도 아직 없는
신종 코로나바이러스!

지난해(2019) 12월부터
긴가민가 하다가 뒤늦게 시인하면서
우리나라를 비롯한 관련 국가들
대처 단계를 높여 가고
급기야는 WHO(세계보건기구)까지
비상사태를 선포하였다(2020. 1. 31.)

진행 과정에서(1·2차 전세기 운행)
삐걱빼각 덜컹거리면서도
701명 우한 교민을 전세기로 이송
진천 국가공무원인재개발원과
아산 경찰인재개발원에 격리하여
철저 관리에 들어가는 등
매일 추가 조치가 내려지고 있다

2020년 2월 4일 현재

26개국에서 확진자가 발생하는 가운데
중국에서는 사망자 425명
확진자 2만 명 이상
국내에서는 아직 사망자는 없으나
확진자 16명 등 증가 추세

예상치 못한 국가적 재난을 당하여
모든 게 다 완벽할 순 없지만
정치권의 네 탓, 저 잘난 버릇
누구나, 거짓 정보 유포
보건 의료 관련 비협조적 행위
관련 제품 매점매석 행위 등
공공의 해가 되는 비국민적
그런 일은 없었으면 좋겠다
성숙한 국민 의식으로
국난을 극복할 것을 기대해본다

'이상문학상' 수상 거부 사태를 보며

전년도(2019) 수상자 윤이형 작가가
상을 돌려드리고 싶다며
절필을 선언하고
올해(2020) 수상자로 결정된
김금희 · 최은영 · 이기호 작가가
수상을 거부하는 사태가 일어났다

'이상문학상'은 국내 3대 문학상이며
44년 역사를 가진 최고인 상이
왜 이렇게 되었을까?

창의적으로 글을 짓는
작가가 받는 문학상은
그 어느 상보다도
진실하고 공정하고 명예롭고
아름다워야 할 상인데
우리의 현실은 어떤가?

오랜 타성에 젖어
피하기 어려운 늪이 된 지 오래
이제라도 새로워져야 하는데…

잘 드러나지 않는
묵묵한 작가들 중에서도
크고 작은 문학상 한두 개쯤 거부한
숨은 내력이 있을 것이다
왜 그럴까?

상은 주는 사람도 받는 사람도
떳떳하고 자랑스러워야 한다
상을 주는 사람도 받는 사람도
망설여지거나 찜찜한 구석 있다면
과감하게 폐지하거나 거부해야 한다

때문에, 오늘은
'이상문학상' 이란 위상보다
상을 거부한 네 분 작가의 이름이
몇 배 더 빛나고
영광스럽게 기억될 것이다

완치 판정 받은 '1번 환자'의 편지

국내 신종 코로나바이러스 감염증
첫 번째 확진자(중국 여성 A씨)가
완치 판정을 받은(2020. 2. 6.) 후
퇴원을 앞두고
한국 의료진에게 감사 편지를 전했다

'생명을 구해줘서 고맙습니다. 당신들의 발전된 의학 기술과 전문적인 노력 없었다면… 당신들 모두는 내게 영웅이고 이 경험을 절대로 잊지 않겠습니다'라며
편지 말미엔
의료진을 집으로 초대하고 싶다고도…

문제의 진원지 우한시 거주 A씨는
지난 1월 19일 인천공항으로 입국
발열 등 증상으로 곧바로
인천시의료원으로 이송
다음날 확진 판정을 받았었다

우한으로 돌아가겠다는 A씨는
우한 상황이 안 좋은데
자신만 편하게 치료를 받아
미안하다고도 했단다

중국 의사 리원량의 죽음

우한(중국)에서
신종 코로나바이러스 감염 발생을
처음으로 말했던
우한 중앙병원 안과 과장
리원량(李文亮·34세) 씨가
바로 그 감염증으로 숨진(2020. 2. 7.)
기막힌 일이 일어났다

더욱 기가 막힌 일은
'새로운 사스가 나타났다' 고 경고하자
거짓 정보 확산 혐의로
중국 당국에 체포(2019. 12. 30.)
조사를 받고 각서까지 쓰고 나왔단다

그 후, 중국 정부는
신종 코로나바이러스로 인한
비상사태를 선포했으며(2020. 1. 20.)
리원량 씨, 진료 환자로부터 감염
확진 판정(2020. 2. 1.)을 받았다

그의 사망 소식이 알려지자

중국 내부에서는
우한 공안을 원망하며
그를 영웅이라 불렀으며
세계 곳곳에서 애도의 물결 일고
세계보건기구(WHO)도
큰 슬픔을 느낀다며
그의 업적을 기릴 것이라고 밝혔다

박희영, LPGA 투어 시즌 첫승

호주 빅토리아주에서 열린
LPGA 투어 ISPS 한다 빅 오픈
마지막 날(2020. 2. 9.)
박희영(33세) 선수가
6년 7개월 만에 우승을 했다
한국 선수 올 시즌 첫승이며
개인 통산 3승
한국 선수 최고령(32세 8개월 16일) 우승 기록

박희영 선수는
4라운드를 8언더파로 마친
유소연(30세) · 최혜진(21세)과 함께
연장전에 돌입
4차 연장전에서 최혜진을 따돌리고
값진 우승을 챙겼다
'포기하지 않았더니 우승도 했다' 며
기뻐하는 박희영 선수에게
큰 박수를 보낸다

이날, 같은 곳에서 함께 열린
유러피언 투어 빈 오픈에선

호주 교포 이민우(21세) 선수가
19언더파로 첫 우승을 신고했다
이민우 선수는
LPGA 투어 선수 이민지의 동생인데
이날 이민지 선수는
6위(6언더파)에 올랐다

LPGA 투어 박희영 선수와
유러피언의 이민우 선수가
동반 우승을 하였으니
이날은 한국(계)의 날이었다

〈기생충〉 우주의 별이 되어 날다

칠십 넘도록 살면서
다른 나라 이야긴 줄만 알았던
아카데미상 수상!
그것도 올해 최다관왕(4개) 수상!
101년 한국 영화의 금자탑!

봉준호 감독의 〈기생충〉이
드디어 일을 냈다
미국 LA 돌비극장에서 열린(2020. 2. 10.)
제92회 아카데미 시상식에서
최다 수상인 4관왕에 올랐다
각본상: 봉준호 · 한진원(아시아 최초)
국제영화상: 〈기생충〉(명칭 변경 후 최초)
감독상: 봉준호(아시아 감독 2번째)
최우수작품상: 곽신애 · 봉준호(비영어 최초)

중계 방송을 눈으로 보면서도
혹시, 혹시 하면서
설마, 설마 하면서
정말, 정말이야? 하면서
믿기 어려운 환상의 순간들…

세계 영화사 충격적인 뉴스에
놀랍고 설레는 가슴
지루하고 답답한 '신종 코로나' 근심도
잠시 잊게 해 준 감격의 날!

세계 최초 금속활자(직지심체요절) 발명
나라의 자긍심 한글 창제 같은
굴지의 역사적 문화 유산 말고도
근래 스포츠의 별이 된
김연아(피겨 스케이팅) 선수의
세계 신기록 행진
박인비·박성현·고진영 선수 등
여자 골프의 세계적 위상
방탄소년단(BTS) 등
현재 진행 중인 K팝의 인기…

다음 칸에
영화 같은 영화의 이야기
〈기생충〉을 써넣어야겠다

기립 박수 받은 수상 소감

만약, 아카데미 시상식에
수상 소감 부문이 있다면
아마도 봉준호 감독이
그 상도 받았을 것이다

수상자로 이름이 불려진 후
4차례 무대에 오른 봉준호 감독은
혼자만 기뻐하는 것이 아니라
남도 즐겁게 해줄 줄 아는 사람이었다
〈기생충〉을 만들어낸 배우·스태프들도
일일이 챙기는 건 물론
진심 담긴 입담과 적절한 표현으로
함께 후보였던 다른 감독들도
자연스럽게 치켜세우는 과정에서
관객들은 환호하며
기립 박수를 아끼지 않았다

감독상 수상 소감에서
어릴 적부터 가슴에 새긴 말이 있다며
'가장 개인적인 것이 가장 창의적인 것' 이란 말인데
그 말을 한 분이 바로

'마틴 스코세이지 감독'이라고 한 말과

'오스카에서 허락한다면 이 트로피를 텍사스 전기톱으로 잘라서 다섯 개로 나누고 싶은 마음'이라고 한 말은

많은 사람들에게

오래오래 기억될 것 같다

'코로나19' 확산의 시작일 줄이야

'신종 코로나바이러스 감염증'으로
불러온 것을
WHO(세계보건기구)에서
'COVID-19'로 결정하므로
'코로나19'로 공식화하였다(2020. 2. 12.)

2주 전 전세기(1·2차)로 입국했던
우한 교민 700명(366+334)이
격리 생활을 마치고
어제, 오늘 이틀 간에 걸쳐
안전하게 퇴소하였다(2020. 2. 16.)

이때까지만 해도
발생지 중국의 혼란과
감염국 일본의 미온적 대처에 비하면
우리 국내 상황은
어느 정도 안정이 되는 것 같았다

5일 만에
1명의 확진자가 추가 발생하여
총 확진자는 29명(완치 9명)
더는 확산되지 않기를 바랐는데…

67억 기부천사 이남림 씨

'코로나19'로
모두들 어려워하고 있는데
힘든 분들에게
마스크 구매에 도움 되길 바란다는
손편지와 함께
경기 여주시 복지행정과에
1억 원을 기탁한(2020. 2. 10.)
이남림(73세) 씨
국민적 불안 심리를 이용하는
부끄러운 일을 자행하는 사람
그런 사람도 있는 때라
더욱 고개가 숙여진다

이남림 씨의 기부활동은
2002년부터 꾸준히 실천하여
언론 보도로 알려진 것만 해도
자그만치 67억 원

8세 때, 전남 함평에서 귀경하여
남대문시장에서
볼펜 장사, 안경도매점 운영으로

돈을 모았다고 한다
어렵게 번 돈, 잘 배분하여
기부자의 고귀한 뜻이
더욱 빛나게 되기를…

박인비, LPGA 통산 20승

LPGA(미국 여자프로골프)
2010년대 10년 간
최고의 선수로 선정된 바 있는
박인비(32세) 선수가
ISPS 한다 호주 여자오픈에서
15언더파로 우승을 했다(2020. 2. 16.)

올 시즌 한국 선수 2번째 우승이며
개인 통산 20승 고지에 올라
박세리의 25승에 이은 대업!
19승을 올린 지 23개월 만의 경사

박인비 선수는, 리우 올림픽(2016)에서
금메달을 차지하므로
골든 커리어 그랜드슬램(올림픽 금메달+4개 메이저대회 우승)까지
달성한 이후
참가 대회도 줄여왔기에
한국 선수 순위 6위
세계 랭킹 17위에 머물러 있다

도쿄 올림픽 출전을 위해선

세계 랭킹 15위 이내
한국 선수 4위 이내에 들어야 한다

손흥민, 프리미어리그 50골 돌파

손흥민(28세·토트넘) 선수가
한국 축구사에 큰 획을 그었다

영국 버밍엄 빌라 파크에서 열린
2019~20시즌 프리미어리그
26라운드 애스턴 빌라 원정경기에서
역전골(2-1)과
결승골(3-2)을 넣어(2020. 2. 17.)
시즌 15·16호(리그 8·9호) 골이자
개인 최다 5경기 연속골이며
아시아 최초 프리미어리그
통산 50골 고지를 넘은 대업적!

151경기 만에 50골을 기록하여
현재 프리미어리그에서
가장 뛰어난 선수가 되었다
특히 그의 골은
승부처마다 터진 경우가 많아
더욱 멋지게 보인다는
전문가들의 평가를 받고 있다
지난해(2019. 12. 8.) 번리전에서의

73m 드리블 질주 후
성공한 골인 장면은
오래오래 기억될 것이라고

이상한 세배 장면

대한민국 법무부가
자체 유튜브 등에 올린 영상이라며
모 일간지에 소개된(2020. 2. 19.)
이상야릇한 사진 한 장

준비된 병풍 앞에 깔린
화사한 보료 위에
나란히 놓인 두 개의 방석에
추미애 장관과 김오수 차관이
세배를 받고 있고
앞에서 세배를 하는 사람은
짙은 회색 제복을 입은
서울소년원(고봉중·고등학교)
원생 4명(1명은 일부만 찍힘)

도대체 이게 무슨 그림이야?

'엄마 장관'과 '아빠 차관'에게
'새해 복 많이 받으세요'라고요?

유튜브엔 세배를 받은 뒤

떡국도 먹고
세뱃돈 봉투를 주는 장면도
담겨 있단다

김 차관은 한 원생에게
'졸업식 할 때 어머니도 오시나?'
라고 묻자
질문을 받은 원생은 머뭇거리며
'잘 모르겠습니다' 라고 했단다

그 학생들에게도
자존심도 있고, 인권도 있는데…
장관이면 약자를
이렇게 이용해도 되나?
참 화려한 갑질…

돌아온 고종 국새 '대군주보'

고종(재위 1863~1907)
'자주 외교'를 꿈꾸며 제작(1882)했지만
행방을 몰랐던 '대군주보'가
이제야 돌아왔다

국립고궁박물관(서울 종로구)에서
뜻깊은 기증식이 열리므로(2020. 2. 19.)

1990년대 후반
재미교포 이대수(84세) 씨가
'효종어보' (1740년 제작)와 함께
낙찰받아 소장해 온 것

참 많이 늦었지만
이제라도 돌아왔으니
얼마나 기쁘고 다행한 일인가?
이대수 어르신 감사합니다

‘천리안 2B호’ 위성 발사 성공

국산 정지궤도 위성 ‘천리안 2B호’가
남아메리카 프랑스령
기아나 우주센터에서
성공적으로 발사되었다(2020. 2. 19.)

앞으로 10년 동안
세계 최초로, 미세먼지 · 적조 · 녹조를
관측하는 임무를 띠고

한국항공우주연구원에 의하면
미세먼지 등의 이동경로를 추적
국내 대기환경에 대한 국외 영향을
과학적으로 분석하고
국내 대규모 미세먼지 발생 지역을
관측 파악하여
집중적으로 관리할 것이라고

과학계 일부에선
전시행정의 전형이라는
비판도 있는 모양이지만
모쪼록 좋은 결과 있기를…

홍상수, 베를린영화제 감독상 수상

'코로나19' 사태로
나라가 온통 뒤숭숭한 가운데
독일 베를린에서 날아온
한국 영화 또 하나의 낭보!

홍상수 감독의 〈도망친 여자〉가
제70회 베를린국제영화제에서
은곰상–감독상을 받았다(2020. 1. 29.)

2004년, 김기덕 감독의 〈사마리아〉 이후
16년 만의 감독상으로
한국 영화 역대 두 번째 경사!
〈도망친 여자〉는
홍 감독의 24번째 장편이며
배우 김민희와 7번째 합작품으로
베를린영화제 경쟁 부문에 진출한 지
4번 만의 쾌거!

배우 김민희는
〈밤의 해변에서 혼자〉에 출연(2017)
한국 배우 최초로
은곰상–여배우상을 받은 바 있다

신천지 총회장 이만희 씨의 큰절

모두가 궁금했던 인물
이만희(89세) 신천지예수교 총회장이
긴급 기자회견장에 나타났다(2020. 3. 2.)
가평 신천지 연수원
평화의궁전 정문 앞

이번 사태(코로나19)를 사죄한다면서
두 차례 큰절을 할 때
금장 손목시계가 카메라에 잡혔다
봉황 휘장에
박근혜 전 대통령 서명과
날짜 표시창까지 있는 가짜 시계

기자들의 질문과 다른 답변도 하고
도우미로 나온 여자 성도의 조언과도
엇박자가 나기도 하는 가운데
누가 잘하고 잘못 하고 따질 때가
아니라고 하며
조용히 하라고 언성을 높이기도 했다

실무진들이 서둘러 회견을 중단시켰고

퇴장하는 이 회장은, 실무진들을 향해
'엄지척'을 해 보이며
'궁전' 문 안으로 사라졌다

20여 분 동안 본 그는
가짜 '박근혜 시계'를 차고 있었으며
'코로나'를 '콜레라'라 말하고
진료 결과로 나오는
'음성'이 뭔지도 모르고
뭐가 죄인지도, 어떻게 돕겠다는
뜻도 없이 말로만 사과한 사람
국민들이 왜 지탄하는지도 모르는
그런 사람 같았다

그가 보인 '엄지척'과
큰절의 의미는 무엇일까?

임성재, PGA 투어 첫승

지난해(2019), 신인상을 받았던
임성재(22세) 선수가
드디어 첫승을 거두었다
PGA(미국 프로골프) 투어
혼다 클래식 마지막 날(2020. 3. 2.)
합계 6언더파로
매킨지 휴즈(캐나다)를
1타 차로 제치고
우승 트로피를 들어올렸다

2018년 6월 첫 출전 이후
50개 대회 만에 거둔 값진 승리!
한국 선수로는
최경주, 양용은, 배상문, 노승열, 김시우, 강성훈에 이은
7번째 PGA 투어 우승

온 나라가 '코로나19' 사태로
힘들어하는 시기이기에
더욱 반갑기도 하지만
한편으로는 모처럼의 축하 분위기마저
가라앉아 있는 것 같아 아쉽기도…

뭐 하자는 걸까?

2020년 3월 1일
문재인 대통령은 3·1절 기념사에서
북한과 '코로나 협조'를 언급했다

그 다음날
북한은 단거리 발사체 2발을
쏘아올렸다

그 다음날
북한 김여정은 성명을 발표했다
우리 측의 '발사체 유감'을 두고
청와대를 강력 비판한 것

그 다음날
북한 김정은은 문 대통령에게
친서를 보내왔다
코로나 사태를 위로한다고

그 다음날
문 대통령은 김정은에게
친서를 보냈다 감사하다고

친서 보내온 지 5일 만에
북한은 또 발사체를 쏘아올렸다

뭐 하자는 걸까?

기부의 품격

신천지예수교 총회장 이만희 씨가
자그만치 120억 원의 기부금을
사전 연락도 없이
계좌 입금한 것을 보고
모금 단체에서 매우 당혹스러워하는
초유의 일이 일어났다

'코로나19' 난세를 만나
전국적으로, 전화 한 통화에 5천 원
기꺼이 받고 있는 상황인데…

기부는
하는 사람과
받는 사람의
마음이 먼저지
액수는 그 다음 일…

돈으로 입 틀어막자는
그런 기부는 좀…

이어지는 트롯 열풍

첫 번째 열풍
〈미스트롯〉(2019년)에 이은
〈미스터트롯〉(2020년 상반기)까지
온통 트롯 열풍 세상

TV조선 〈내일은 미스터트롯〉
경연에 나선 참가자들
그들만의 잔치가 아니었다
왕관을 향한 가수들의
다양한 재능과 열정은 물론
평가를 맡은 심사단의
재치와 애정이 춤추는 분위기
기부와 심사까지 맡은 방청객의
신바람난 참여
실시간 문자 투표 공세를 하는
전국의 즐거운 시간
덕분에, 그늘진 고약한 뉴스(코로나19)까지
잠시 잊게 하는 마력을 발휘했다

높은 시청률(35.7%)이 말해주듯
결승편이 끝나고 나니

‘이제 뭘 보나?’라며

아쉬워하는 시청자들

김병록 씨, 임야 1만 평 기부

서울 상암동에 있는 3평짜리 구두수선점이
자신의 일터인 김병록 씨
근 50년 동안
구두 수선을 해서 장만한
임야 1만 평(5~7억 상당)을
'죽어서 가져갈 땅도 아닌데…'라며
파주시를 찾아가서 기부를 했다(2020. 3. 11.)
'코로나19' 사태로
어려운 사람에게 써 달라며

어릴 때는
아빠의 직업을 창피해 하던 자녀들이
지금은 당당하게 밝히며
자랑스러워하는 걸 보고
보람을 느낀다는 그는
매달 4~5차례(1997년부터)
요양원·노인정 등을 찾아
이발 봉사활동을 하고 있다고

진정, 이 시대 최고의
자랑스러운 기부 천사 김병록 씨!

국가적 불안 심리를 이용하여
몹쓸 짓을 자행하는 사람도
간간이 있는 세상인데…

난중(코로나19) 병원 원정기

오래 전부터 다니고 있는
심장내과 정기 진료 예약일 아침

내 뜻과는 상관없이
마스크부터 챙겨 쓰고
집을 나섰다

병원 현관 앞에 이르니
임시 천막에서
다가오는 한 남자
검온기를 대는가 싶더니
'36도' 라고 말하고
다른 한 여자는
'외국 다녀온 적 있으세요?'
'대구나 신천지는요?'
'기침 가래는 없으시고요?'
문진을 끝내고
작은 스티커를 옷에 붙여 준 후
비로소 들어갈 수 있었다

접수처와 진료실 앞에서도

같은 문진을 받고서야
의사 선생님을 만날 수 있었다

버스로 돌아오는 길
차창 밖엔
노란 산수유꽃이 피어 있지만
아무도 꽃 이야길 하지 않았다
모두 마스크를 하고 있을 뿐

돌아와서, 마스크를 벗으면서
'36도'의 의미를
다시 떠올려 보았다

‘코로나19’ 난리판에 ‘n번방’은 또 뭐야

온 나라가 ‘코로나19’로 난리판인데
‘n번방’ 사건, 이건 또 뭐야?

자랑스러운 현대 문명의 이기물을
성노예 도구로 사용하다니…
악성 바이러스가 여기 또 있었네

사이버 세계 불법 성착취
미성년자 성착취물 제작
텔레그램 유포
회원 등급제 비즈니스 모델 구축
낮엔 보육원 봉사
밤엔 ‘n번방 박사’
‘박사방’ 운영자 조주빈(25세)
종로경찰서에 구속(2020. 3. 19.)
검찰로 송치되는 날(2020. 3. 25.)
비로소 공개된 얼굴과
들려준 목소리

엉뚱하게도
유명 인사들을 들먹거리며

사죄 말씀을 드린다고 하면서
피해 여성에 대해선 한마디도 안 했다
'박사방' 에서는 피해 여성을
'오늘의 메뉴' 라고 했다는데…

이 사건을 알게 해준
'추적단 불꽃' 이란 2명의 대학생이
있었다는 사실
새삼 고맙다는 생각이 든다

한창 젊은 나이에
그 좋은 두뇌
좋은 쪽으로 썼다면
얼마나 좋았겠는가?

사이버 공간에서의 성범죄도
끄집어내어 밝히고
처벌해야 하는 시기가 온 것 같은데
법보다 사회 인식보다 앞서가는
디지털 성범죄인 것 같아
마음이 무겁다

2020년의 봄날

대를 이어 자랑하던
아름다운 유채꽃밭을 갈아엎고
겨우내 애써 가꾼 튤립꽃을
송이째 따서 버리고
소문난 벚꽃길은
사람과 차를 아예 막아버렸다

결혼도 잔치도
줄이고 연기하는 가운데
교회도 유흥업소도 문을 닫고
공무원 시험을
축구장 잔디밭에서 치르고
각종 스포츠 경기도
취소 또는 연기하면서
야구·축구가 먼저 무관중으로
조심스럽게 시작을 했다
학생들은 사상 처음으로
등교하지 않고
온라인 개학이라는 낯선 풍경

때마침 다가온

제21대 국회의원선거(2020. 4. 15.)
유권자들은 마스크를 하고
1m 거리를 유지하며
손 소독을 하고
비닐장갑을 끼고
성공적으로 투표를 마쳤다

2020년의 봄날
아침에 눈을 뜨면
확진자 몇 명
사망 몇 명
완치 몇 명을 보고 듣는 게
하루의 일과
봄날은
그렇게 여름으로 이어지고 있다
'코로나19'에 묻혀서

오거돈 부산광역시장의 사퇴 발표
—아날로그, 디지털 성범죄 공존

부산광역시장이 긴급 기자회견을 열어
자신이 저지른 성추행의 책임을 지고
시장직 사퇴를 발표했다(2020. 4. 23.)
여성 공무원을 시장 집무실로 불러
성추행을 했다는
이른바 아날로그 성추행

공교롭게도 정부는 이날
'디지털 성범죄 근절대책'을 발표했다(2020. 4. 23.)
최근 세상을 놀라게 하고 있는
'n번방' '박사방' 사건 등을
해결하기 위한 다급한 시대적 요구

시대가 달라져도
나이 · 직업에 관계없이
불쑥불쑥 튀어나오는 '동물적 본성'
지성과 문명의 세계에서
법이란 그물을 치고 또 치지만
그 끝이 보이지 않는 고질병
새 그물 피할 수 있는 묘수로
어떻게든 살아남는
악성 바이러스!

정은경, '코로나19' 난세의 인물

사상 유례 없는 세계전으로 확대된
'코로나19'와의 싸움 초반전
정치권이 우왕좌왕할 때도
정은경 본부장(질병관리본부)의
정례 브리핑은 전적으로 신뢰하며
국민들은 응원의 박수를 보냈다
전세가 악화할수록
정 본부장의 흰 머리카락을 걱정하고
안색을 염려하는 소리가 들리기도

큰 고비를 넘기고
확진자 수가 다소 안정될 즈음
정 본부장의 논문이
국제학술지 『신종 감염병』 최신호
온라인판에 실렸다는 보도(2020. 4. 26.)에
국민들은 또다시 놀라워했다
정 본부장은
서울 구로구 콜센터 집단감염 당시
역학조사와 방역 과정 등을
상세하게 밝히므로
밀집 공간이 감염병 확산에

치명적이란 사실과
고강도 격리조치 등을 강조한
현장 경험의 값진 자료를 정리한 것

무엇보다도 진단과 치료에 앞장선
수많은 의료진의 희생과
이에 적극 협조한 국민과 함께
K방역의 위대한 성과를 이루었으니
이 모두가 난세의 인물
그 중에 큰 별 정은경!

고려 말 과거 합격증, 보물 지정

'최광지 홍패(崔匡之 紅牌)'

고려 국왕의 국새가 찍힌
현존 유일한 고려 공문서로
고려 말 창왕 1년(1389)에 발급된
과거(문과) 합격증을
보물 제2062호로 지정했다는
문화재청(청장 정재숙)의 발표(2020. 4. 23.)

'홍패'란
고려·조선시대 문과와 무과 합격증으로
홍화씨 등을 이용하여
붉게 염색한 종이에 발급했기 때문이며
생원·진사 합격증은
흰 종이에 발급하였으므로
'백패'라 불렀다고 한다

'최광지 홍패'는
현재 전주최씨 송애공파의
종중이 보유하고 있다고

모두 밝혀진 자격루 제작자 12명

조선시대 국가 표준시계 역할을 했던
국보 제229호 물시계(자격루)
조선 중종 31년(1536)에 완성한
제작자 12명 중
김근사(영의정), 김안로(좌의정), 유보,
최세철, 박한, 신보상, 강연세, 이광필
8명은 이미 알려졌지만

그동안 확인되지 않았던
4명의 이름(이공장, 안현, 김수성, 채무적)이
1년 7개월에 걸친
보존처리 과정 끝에 밝혀졌다(2020. 4. 22.)
국립문화재연구소의
문화재보존과학센터에 의해서

보존처리를 마친 자격루는
'코로나19' 사태가 진정되면
국립과천과학관 전시를 거쳐
국립고궁박물관에 소장될 예정

* 최초의 자격루는 세종 16년(1434) 왕의 지시로 장영실이 제작했지만, 이는 현재 전해지지 않는다.

이천 물류창고 대형 화재 참극

'코로나19' 비상 사태 속에서
근로자의 날을
이틀 앞둔 날(2020. 4. 29.) 오후
뜻하지 않은 대형 화재 참극!

이천시 모가면의 물류창고
신축 공사 현장
지하 2층 용접작업 중
발화된 것으로 추정
유증기 폭발과 함께
삽시간에 건물 전체를 휩쓴 불길!

사망 38명, 부상 10명
희생자들은 거의가 일용직 남자
3명의 외국인까지 있었다고

사람들은
12년 전(2008)에 있었던 사건과
판박이라고들 했다

한 현장 인부의 말에 의하면

20년 동안 공사 현장을 다녔지만
이런 최악의 경우는 없었다고 한다
건설사에선, 작업자가 누군지
몇 명인지도 모르는 건 물론
몇 차례 안전 경고를 받았지만
다 공염불이었던 것

사고 다음 날
시공사 대표가 나와 무릎 꿇고
말로만 잘못했다고 한다고
해결될 문제도 아니고
과거처럼 벌금 몇 푼으로
해결될 문제는 더욱 아닌 듯

잊을 만하면 반복되는 참사 사건
이제부터라도 국가적 차원에서
비용 절감의 경제 논리를 벗어난
마땅한 방법을 찾아야 할 것이다
왜 아직도 이런 후진성 사고가
끊이지 않고 일어나야 하는가?

백혈병 아이, 어린이날의 기적

인도에서 급성 백혈병으로
뉴델리 인근 병원에 입원한(2020. 5. 2.)
5세 A양이
국내 치료가 시급한 상황
'코로나19' 사태로
국제선 항공편이 전면 중단된 속에서
소식을 접한 한인회와
주인도 한국대사관이 바빠졌다

와중에
5월 4일에 운행할
일본항공 전세기에 자리를 내주겠다는
주인도 일본대사관의 반가운 화답

마침내
어머니와 한 살 위의 언니와 A양
일본항공 특별기편으로
인도 뉴델리 국제공항 출발(5월 4일 오후 7시 5분)
일본 하네다 국제공항 도착(5월 5일 오전 6시 25분)
일본 나리타 국제공항으로 이동 후
인천 국제공항에 무사히 도착(5월 5일 오후 7시 30분)

장장 7200km를 거쳐온 기적적인 귀국

근래 한·일 관계 악화된 상황에다
'코로나19' 사태까지 겹친 악조건
더구나 제3국에서 일어난
5살 어린이의 한 생명을 위한
양국 외교의 놀라운 성과에
박수가 절로 나온다

다른 일도 이렇게 협력하는
나라와 나라 되었으면…

* A양은 서울성모병원에서 힘든 치료를 끝내고 퇴원(2020. 6. 6.)하여, 통원치료로 전환했다고 알려졌다.

이대로 좋은 날 오나 했지만

4월 하순부터 5월 초까지
지역 감염 연일 안정세였기에
이대로 좋은 날 오나 했지만
부르고 싶은 희망가
하룻밤새 날아가고 말았다

염려한 대로
역시 '클럽'과 '20·30대' 가
문제의 핵이 되었다
황금연휴(4. 30~5.5.)를 틈탄
'코로나19' 의 잠행이 드러난 것

용인 66번 환자를 비롯한
이태원 클럽(5+4곳) 관련
1만여 명 중
270명의 확진자(6월 1일 현재) 발생
이들이 남긴 엉터리 방문 기록은
일을 더 어렵게 만들었으며
학원 강사의 거짓 답변 때문에
6차, 7차… 연일 확산되는 상황

하루도 거르지 않고 하고 있는
방역 당국의 당부 대로
마스크 하고
거리두기 지키고
밀집, 밀폐 장소 피했더라면…
다 똑똑한 성년들인데…
다 쓸데없는 잔소리(?)
누가 뭐래도
클럽이 좋은 걸 어떡해?

제40주년 5·18민주화운동 기념식

광주 5·18이
법정기념일로 지정된(1997) 이후
광주 5·18민주광장(옛 전남도청 앞)에서
기념식이 열린 것은
이번(2020)이 처음이다

40년 전(1980) 5월
계엄군으로 광주에 갔던
대한민국 군인들, 다 죽었는가?
그 엄청난 비극의
현장에 있었던 사람들이
왜, 한마디 말이 없는가?
누가 발포 명령을 했는지
시체는 어디다 버렸는지
진정 아는 사람
한 사람도 없단 말인가?
대한민국 군인 출신이
다 겁쟁이는 아닐 텐데…
다 비겁하고 옹졸하진 않을 텐데…
그땐, 평범한 국민의 한 사람
이제라도 본 대로 들은 대로

말해야 하지 않을까?

'광주 폭동' '광주 사태' 시대는 가고
'5·18민주화운동' 시대에 살면서
진실을 말하지 않는다면
과연 잘 살았다고 할 수 있겠는가?
진실을 알아야
치유도 화해도 화합도 된다는 것을
모르진 않을 텐데…
제발, 용기 한 번 발휘하소서!

고진영, 박성현의 골퍼 슈퍼매치

미국 여자프로골프(LPGA) 투어가
'코로나19' 여파로 멈춰 있는 사이
세계 랭킹 1위 고진영(25세) 선수와
3위 박성현(27세) 선수
둘만의 매치플레이가
영종도(인천)에서 열렸다(2020 .5. 24.)
'현대카드 슈퍼매치 고진영 VS 박성현'

1대1의 이벤트 대결!
여자 골프에선 보기 드물게
스킨스 게임으로
홀마다 이긴 선수가
그 홀에 걸린 상금을 가져가고
총 상금에서 앞선 선수가
이기는 방식

미국 골프 채널은
한국에서 두 선수는
록스타 대접을 받고 있다며
대단한 이벤트가 될 것이라고
전망을 하는 등

국내외에서 큰 관심을 받는 가운데
무관중 경기, 랜선 응원전!

경기하기 전, 두 선수는
'상금은 절반씩 가져가면 좋겠다' 며
시작했는데
경기 내용으로는
서로의 특성을 발휘하며
팽팽한 승부가 전개됐으나
스킨에서는
10스킨의 고진영이
8스킨의 박성현을 앞섰지만
상금에서는
시작 전 희망대로
5천만 원씩 사이좋게 끝내며
팔꿈치 악수를 하며 웃었다
상금은 각자가 지정한 기부처에
직접 전달하며 박수를 받았다

세계 여자 골프계를 빛내고 있는
두 선수의 멋진 하루였다

늙은 암소와 날렵한 쇠파리

오랫동안 꾸준히 열리고 있는
'수요집회' (일본군 위안부 관련)에
꿋꿋이 앞장서 온
이용수(92세) 할머니가
한스러운 세상을 향해
위대한(?) 윤미향이
국회의원 하면 안 된다는
두 번의 기자회견(2020. 5.) 이후
세상에 드러난
'정의기억연대'와의 이야기

되돌려 생각하기도 쉽지 않을만치
너무 오랫동안 고여 있었던
조심스러운 이야기
너무나도 복잡하기까지 하여
본래의 모양도 색깔도 향기도
찾아보기 어렵게 된 상황

각기 다른 바람과 바람이
서로 얽설키면서
엉뚱한 모양새

저마다의 날갯짓으로
이리 날고 저리 날다가
큰 언덕에 오르니
비로소, '저게 뭐야?' 라며
'여기저기' 서 야단법석이다

늙은 암소의 살갗을 뚫고
한껏 피를 빨며
그 속에 산란을 하는
날렵한 쇠파리의 그림이
문득 떠오른다

마냥 곪아 터진 이 환부를
어떻게 수술하고
치료까지 할 수 있을까?
여당 국회의원 신분이 된 윤미향과
검찰과의 지루한 공방전이
어떻게 펼쳐질지…

13번째 신라 금동신발 발굴

경주 황남동 120호분
신라 적석목곽묘에서
13번째 금동신발 1쌍이 나왔다고
문화재청과 발굴조사를 맡은
신라문화유산연구원이
발굴 현장에서 공개회를 열었다(2020. 5. 27.)

지난 5월 15일
120-2호분에 묻힌 피장자의 발치에서
확인된 이 신발은
경주 황남대총 남분에서 나온(1970년대)
신라 왕족의 것으로 추정되는 것과
유사해 보인다고 했다

이번에도
금동판(금동관이나 관식에 쓰인)과
은제 허리띠, 은제 장신구
금동 말안장, 청동 다리미
쇠솥, 다양한 토기 등이 출토되어
5세기 후반~6세기 전반의
신라 왕족이나 귀족의 무덤일
가능성이 크다고

120호분은
북서-남동 26.1m, 북동-남서 23.6m의
봉분을 쌓으면서
그 가운데를 마사토로 했다는데
마사토 봉분 축조가 확인된 건
이번이 처음이기에
앞으로 연구 과제로 떠오르기도

경주 신라 무덤에서
금동신발이 나온 것은
인왕동 고분군 조사(1977) 이후
43년 만의 일로
일제강점기와 1970년대
발굴 조사 때 12켤레가
출토된 바 있어
이번이 13번째이다

신라 천년의 귀한 유물!
우리의 자랑!
우리의 문화 유산!

민간 유인 우주선 '크루 드래건' 발사

미국 우주탐사 기업
스페이스X가 개발한 신형 우주선
'크루 드래건'이
플로리다주 케네디우주센터에서
발사되었다(2020. 5. 30.)
미 항공우주국(NASA) 소속인
더글러스 헐리(54세)와
로버트 벤켄(50세)이 탑승한
최초의 민간 유인 우주선으로
민간 우주탐사의 문을 연 것

'크루 드래건'은
시속 2만7360km로 날아가
19시간 만에
국제우주정거장(ISS)과 도킹하고
6~16주 후 지구로 돌아올 계획

스페이스X는
미국 테슬라의 최고경영자(CEO)인
일론 머스크(49세)가 세운(2002) 회사인데
이번 '크루 드래건'이

성공적으로 임무를 완수하면
우주선을 6회 더 운행할 계획이며
다음 발사는, 8월 말쯤으로 예상

머스크의 꿈은
국제우주정거장을 넘어 화성 점령으로
화성에 무인 우주선 발사(2022)
이어서 유인 우주선 발사(2024)
달 착륙선 발사(2024) 계획이며
언젠가는 화성에
8만 명 규모의 식민지 건설이 목표

최기혁 한국항공우주연구원은
이번 '크루 드래건' 발사에 대해
'우주여행 상업화의 신호탄'이라며
앞으로 비용도 많이 저렴해질 것이라고 했다

BTS의 성공적인 '방방콘 더 라이브'

세계를 불안하게 하고 있는
'코로나19' 여파 속에서
희망의 돌파구를 찾은 '방방콘'
〈방에서 즐기는 방탄소년단 콘서트〉

인천 파라다이스시티 위버스샵에서
첫 유료 온라인 콘서트가
생중계되었다(2020. 6. 14.)
한국은 물론
미국·영국·일본·중국 등
107개 나라, 도시에서
최대 75만여 명이 동시 접속 관람

5만 명 수용 가능한 스타디움 수준
15회 공연과 맞먹는 규모
티켓 수익 220억에 중간광고까지
세계 온라인 유료 콘서트 중
가장 큰 규모의 공연으로
팬들의 환호성 속에
떼창까지 가능한 미래형 공연!

K팝이
온라인 공연의 진화까지 이끌고 있는
또 하나의 빛나는 업적!

평택 국제대 교직원의 장학금 기탁

평택 국제대 교수와 교직원(165명)이
10년 동안 모아온 2억 원을
'코로나19'로 어려운 학생들에게
장학금을 주는 기탁식이 열렸다(2020. 6. 4.)

교내 장학금 심의위원회를 거쳐
올 1학기 정규학기 등록생 중
부모님이 폐·휴업으로
일자리를 잃었거나
부모님이 소상공인 또는 급여생활자로
소득 감소가 발생한 경우
학생이 일자리를 잃은 경우
해당 학생에게 전달하게 된다고

2011년 5월부터
전직원이 가입한 상조회 결의로
급여명세서의
'장학기부금' 항목에서
매달 1만 원씩 모아온
소중한 성과
1회성 충동성이 아니라

꾸준한 대비책에 의한 결과이기에
더욱 훈훈해지는 마음이다
잘하셨습니다, 감사합니다

북한, 개성 남북연락사무소 폭파

남한 대적사업에 앞장선 김여정이
나라의 지도자로서는 할 수 없는
저속한 막말·비난·경고·협박 등
말폭탄 퍼부은 지 며칠 만에
2018년 9월에 개소한
개성 〈남북연락사무소〉를
6·15선언 20주년 다음 날
폭파해 버렸다(2020. 6. 16.)
탈북자들의 '대북 전단'을
빌미로 한 폭거
북한의 습관성 폭파 쇼!

핵 말고는, 믿을 게 없는 집단
정상국가로 갈 길은
아직 먼 것 같다
지구상에 살아 있는 사람들은
모두가 존엄하다는 사실을
북한 청년들은 언제나 깨닫게 될까?
같은 '홍익인간'의 후예가
맞는가 묻고 싶다

'남북 평화의 고리' 실패라 하기 전에
함께 사진 찍고 노래 불렀다고
다가 아니란 사실을
비싼 수업료 내고 배웠다고 생각하자

안달복달하며, 그 건물이 얼마 짜린데
어떻게 만들었는데 하지 말고
침묵할 차례인 것 같다
저들이 초조해질 때까지
단 침착하게, 느긋하게

한동안 들떠 있던
파란색 평화란 환상에서도
깨어날 때인 것 같다

김여정이
결별할 때가 되었다 한다면
우린, 냉정할 때가 된 것이다
힘을 모아 당길 때와
숨을 고르며 멈출 때를 이용하는
줄다리기법을 새겨볼 일이다

'코로나19' 사태에
계속되는 무더운 날씨
괴상망측한 북풍까지 불어
2020년 6월
참 힘든 6월이 되고 있다

해의 한낮 특별 쇼

해의 일부분이 달에 가려지는
부분일식이 연출되었다(2020. 6. 21.)
오후 3시 53분(서울 기준)부터
2시간 11분 가량 이어진
한낮의 특별 쇼!

인간이 관여할 수 없는
천문 현상이기에
더욱 놀랍고 신비로운
하늘의 특별 쇼!

다음 쇼는
2030년 6월 1일
딱 10년 후에 있을 거라니
어쩜, 이번이 마지막인 사람도
많지 않겠는가?

천체 망원경이나 특수 안경으로
일식을 볼 수 있듯이
온 지구인을 괴롭히고 있는
'코로나19' 바이러스란 놈도
그 정체를 밝힐 수 있음 좋으련만…

유소연 선수, 우승 상금 전액 기부

유소연(30세) 선수가
한국 여자오픈 골프선수권 대회에서
김효주(25세) 선수를 1타 차로 제치고
12언더파로 우승을 차지했다(2020. 6. 21.)

이로써 유소연 선수는
중국 여자오픈(2009)
US여자오픈(2011)
캐나다 퍼시픽 여자오픈(2014)
일본 여자오픈(2018)에 이어
한국 여자오픈(2020)까지
각국 최고 권위의 내셔널 타이틀을
5개나 차지하게 되었으며
KLPGA 투어 통산 10승!

이제, 유소연 선수는
LPGA(미국 여자프로골프) 투어 메이저대회인
브리티시 여자오픈 우승을
다음 목표로 하고 있다고

이번 대회는, '코로나19' 여파로

LPGA 투어 대회가 열리지 않고 있기에
해외파 선수들이 많이 참가하여
한층 기대되는 경기이기도 했다

유소연 선수는
5년 만에 국내 대회에서 우승!
붉은 재킷을 입고
우승 트로피에 입 맞춘 후
이번 대회 우승 상금(2억 5천만 원)을
전액 '코로나19' 기금으로 기부하였다
경기에서는 물론 마음까지도
온전히 아름다움에 곱하기 2
역시나 역시나다

6·25전쟁 영웅들의 고귀한 귀환

북한 지역에서 발견되어(1990~94)
미국 하와이로 옮겨진(2018) 후
한·미 공동 감식을 통해
국군 유해로 판정된 92구가
이미, 3회에 걸쳐 돌아온 바 있고
이번에 147구가
하와이 히캄 공군기지에서
인수식을 마치고
공군 공중급유기 KC-330 시그너스로
서울공항에 도착(2020. 6. 24.)

이튿날 밤
서울공항 격납고에서 거행된
'6·25전쟁 70주년 행사' 에서
문재인 대통령은
신원 확인된 7명의 이름을
하나하나 부르면서
147구에 대해 예우를 다해 추모하며
엄숙하게 봉환하였다(2020. 6. 25.)
6·25 당시 참전국(22개 나라) 정상들의
영상 메시지도
행사를 빛나게 하였다

참으로 멀리 돌아온
기쁘고도 가슴 아픈 만남!
한 장의 태극기로 말해 주는
숭고한 피의 증언!
아직도, 어디 있는지조차 알 수 없는
많은 영웅들을 생각하면
결코 중단할 수 없는
유해 발굴 사업이란 걸
실감하는 하루였다

그런데, 행사 중
다른 노래도 아닌 〈애국가〉의 도입부를
엉뚱하게 편곡하여
어렵게 돌아온 147구의 영혼과 국민을
어리둥절하게 만든 죄(?)
숭고한 147구의 유해를
하루 동안 공항에 방치한 죄(?)
번드르르한 변명으론 모자랄 것 같다

쇼도 지나치면 흠이 될 수도 있지요

북한, 돌연 '군사 행동 계획 보류'

이건 또 뭐야?

몇 날 며칠 동안
여동생의 지휘로
온간 '말 폭탄' 퍼부으며
개성 남북연락사무소 폭파하고
대남 확성기 재설치
대남 전단 인쇄도 마치고
인민까지 총동원하여
핏빛 전운을 띄우면서
'서울 불바다' 이야기까지 꺼내며
'군사 행동 계획 예고' 목청 높이더니

하룻밤 자고 나니
돌연 오빠의 지시라며
'군사 행동 계획 보류'라 하니
공식적 비난 사라지고
재설치한 대남 확성기 철거하고
6·25전쟁 70주년(2020. 6. 25.)에도
별 행사 없이 조용하다

무슨 나라가 이래?
언제 또 무슨 소릴 할지
어떤 행동을 할지
참 알 수 없는 집단
아이들 싸움도 아니고
명색이 '나라'라면서…
부부장·위원장 호칭도 아깝다

같은 민족이라는 기본을 깔고
아무리 좋게 생각하려 해도
답이 나오지 않고
섬뜩 섬뜩하다

'사회주의'와 '독재'란
악성 세균의 현주소
거기에 살고 있는 젊은이들은
언제쯤 깨달을 수 있을까?
실은, 말은 이렇게 하면서도
마음 한편으론 예쁘게 봐주고 싶은데…

〈비긴 어게인〉의 새로운 여정

수많은 TV 음악 프로그램 중에서
단연 빛나는
〈비긴어게인〉의 새로운 여정(JTBC)
참~ 좋다!

처음 겪고 있는
'코로나19' 사태 속에서
많은 제약과 불편함을 감수하고
모이는 관객 앞에서
서로 감사하고 위로하는 마음으로
최선을 다하는 풋풋한 음악 잔치!

텅 빈 인천공항 실내에 모인
공항 직원들
도심의 대형 주차장
차 안에서 즐기는 시민들
대구 지역 대형 병원 뜰로 나온
가운 차림의 의료진과 관계자들
대학 캠퍼스 정원
수성못 주변
협소한 베란다 앞에서

대구 스타디움 잔디밭에 설치한
임시 텐트에서 즐기는 시민들
속초항에 멈춰선 크루즈
선상에서 환호하는 관중들

한정된 관중 모두는
마스크를 하고
발열 체크를 하고
거리 유지를 하면서도
어느 때보다 여유롭고 즐거운 표정
마치 특별 대접을 받는 듯한
그런 인상들…
멋진 음악패들과 함께
2020년 여름을 한껏 빛내고 있네요

돌아온 '고려 나전국화넝쿨무늬합'

길이 10cm 남짓, 무게 50g
국화 꽃잎과 넝쿨 무늬가
수놓듯 새겨져 있는
'고려 나전국화넝쿨무늬합' 이
일본인 소장자의 손을 떠나
서울 고궁박물관에서 공개되었다(2020. 7. 2.)

최응천(61세 · 동국대 미술사학과 교수)
국외소재문화재단 이사장의
15년 집념의 대경사!

고려 나전칠기 공예품 가운데
'나전합' 은 전 세계 3점뿐인데
그 중의 하나로
언제 어떻게 이 땅을 떠났는지도
알 수 없는 귀중한 보물로
영롱하게 빛나는 전복패
온화한 색감의 대모(바다거북 등껍질)
금속선을 이용한 치밀한 장식 등
고려 전성기 기법이 고스란히 반영된
온전하고 아름다운 걸작

배기동 국립중앙박물관장은
올 하반기에 있을 특별전
'고대의 빛깔, 옻칠'을 통해서
국민들께 선보일 것이라고 했다

90세 할머니의 특별한 기부

대구 남구청 2층, 구청장 비서실
백발에 남루한 옷차림
허리 굽은 할머니가
요양보호사(50대)의 도움을 받으며
보행기를 밀고 들어왔다(2020. 7. 2.)

5만 원권 20장을 꺼내 주면서
나라의 도움을 받아 모아온
전재산과 같은 돈이라며
나와 같이 어려운 사람을
도와 달라는 게 전부
이름도 말하지 않고 가버렸다

월세 단칸방에 살며
월 50만 원의 정부 보조금을
아껴 모아온 적금을 해약하여
생애 마지막이 될 기부를 한
90세 할머니의 특별한 기부 이야기

기부라는 게
여유 있다고 다 하는 것도 아니고

기부한답시고
대문짝만하게 이름 내걸고
사진부터 찍는 사람도 적지 않지요
할머니에겐
오직 진심 하나뿐인 듯

계룡산 '불새'와 설악산 '흰 담비'

여름철 장마와 더위
수그러들 것 같지 않는 '코로나19'
아수라장이 된 부동산 정책으로
나라가 시끄럽고 답답한 가운데
눈이 번쩍 띄는 소식!

부리부터 털 발가락까지
온통 붉은색이라 '불새'라고도 하는
계룡산 '호반새'와
염색체 이상으로
온몸이 흰색인 설악산 '알비노 담비'

보기 드문 진객의 사진이
TV에서 소개되더니
아침 신문 1면을 차지했다(2020. 7. 9.)

뜻밖에 나타난 진객 소식에
모처럼 느끼는 산뜻한 기분!
좋고 좋아라!

박원순 서울시장의 비보, 그리고…

딸로부터의
갑작스런 '실종 신고'로 시작된(2020. 7. 9.)
충격적인 뉴스…

시민운동계의 대부
인권변호사
최초 성희롱 사건 승소의 주역
첫 3선, 최장기 서울시장
유력 차기 대선주자
미투운동 지지자
이런 박원순 서울시장이
북악산에서 시신으로 발견(2020. 7. 10.)
이어, 짧은 친필 유서도 공개되었다

하루 전(7월 8일), 박 시장은
전 여비서로부터
성추행 등으로 피소된 상황
조사와 수사에 협조해야 함에도
복잡한 현실을 뒤로하고
스스로 생을 마감했다

많은 사람들이 훌륭하다는데
뼛속까지 모순된 이중적인 삶
철저한 '내로남불'
자기가 한 도끼질에
발등도 찍히고…
인생이 다 그런 것 아니겠는가?
인생 참 쉽지 않지요

와중에
아주 짧지만 유서를 남긴 건
타살이 아니란 증거
가족에 대한 미안함도 있었겠지만
더욱 중요한 것은
피소를 당한 입장에서
맞고소하지 않고 그냥 갔음은
사건에 대한 무책임한 가운데
그나마 묵언의 양심 고백 아닐까?

치열한 삶 속에서
가장 높이 올랐을 때 가셨으니
추한 꼴은 피하셨네요

그렇다고 진실마저
사라질 리는 없겠지만…
조용히 가신 것과는 달리
얼마나 시끄러워질지…

두 유명인의 죽음 앞에서

며칠 사이에 맞게 된
전혀 다른 두 죽음
박원순 서울시장과
백선엽 장군의 죽음 앞에서
'코로나19' 뉴스를 앞지르며
나라가 시끄럽다

무슨 일만 일어나면
편을 가르고, 정쟁의 도구로 삼는 게
어느덧 버릇이 된 듯한 세상
죽음 앞에서도 예외는 아니었다

공을 과대 포장하며
과를 묵인하려는 편도
공을 무시하고
과만 물고 늘어지는 편도
위험하긴 마찬가지지만
죽음으로 진실을 가리려는 건
어리석은 계산
권력으로 잘못을 덮으려는 건
최악의 선택

모두를 먼저 생각하는

그런 성숙한 사회가 아쉽다

말로만 정치의 민낯

협치를 외치면 외칠수록
독주가 춤춘다는 증거

성평등 목소리 높아질수록
여성 피해자 늘어나고 있다는 증거

공정을 주장하면 할수록
불공정이 판을 치고 있다는 증거

웅변정치의 버릇 벗어나지 못하고
말 따로 행동 따로 일삼으면서
부끄럽다는 생각 아예 잊은 듯

절절하던
'존경하는 국민 여러분!' 이란 말은
선거용 액세서리, 행사용 리본
선거와 행사 끝나고 나면
국민 위로 뛰어넘는 오색 특혜
국익 우선을 뛰어넘는 당리당략
화합을 비웃는 편 가르기 도끼질
뚝딱뚝딱 말로만 정치의 민낯

조수미 씨의 노래와 기부

세계적인 소프라노 조수미 씨가
최근에 발매한 디지털 싱글 앨범
〈삶은 기적(Life is a Miracle)〉의
이탈리아 판매 수익금은
베로네시 재단(과학·의료 연구 단체)에
한국 판매 수익금은
이화여자대학교 의료원에
전액 기부했다고 알려졌다(2020. 7. 21.)

조수미 씨는, 이탈리아의 절친한 친구가
'코로나19'로 세상을 떠난 슬픔
그 그리움으로 시작한 희망가는
바로 그 친구의 아들
페데리코 파치오티와 함께
이탈리아어와 영어로
절망적인 시대에
마음의 치유를 주고 싶다고 노래한
슬프고 아름다운 이야기

'헤어지고 다시 만나는 건
영원히 함께하기 위한 거야'

'인생은 가장 큰 기적이야' 라고

* 페데리코 파치오티: 조수미가 2018년에 부른 평창동계패럴림픽 공식 주제가 작곡가이며 가수.

아랍에미리트, 무인 화성 탐사선 발사

인구 960만의 사막 국가
아랍에미리트(UAE)의 무인 화성 탐사선
'아말(Amal)' 호가
일본 규슈 다네가시마 우주센터에서
미쓰비시중공업의 H2-A로켓에 실려
성공적으로 발사되었다(2020. 7. 20.)

'아말'은 아랍어로 '희망'이란 뜻으로
중동 국가 최초의 화성 탐사선
미국, 유럽연합(EU), 러시아, 중국, 인도, 일본에 이어 세계 7번째

무게 1350kg의 '아말'은
앞으로 7개월 동안 시속 12만km로
4억 9350만km를 날아
내년 2월 화성 궤도에 진입 후
55시간마다 1번씩 화성을 돌며
화성의 1년(687일) 동안
대기 관측 임무를 하게 된다고

중동의 부국이
석유시대 이후를 준비하고

일본은, 로켓 기술을 개발하여
타국 위성 발사를 대신해 주는
새로운 우주시대가 열리고 있다

이번 프로젝트를 지휘한
첨단과학기술부 장관은
올해 33세의 여성 컴퓨터공학자
사라 빈트유시프 알아미리며
총괄 책임자 옴란 샤라프(37세)는
한국 위성제작기업 쎄트렉아이에서
위성 기술 이전에 참여(7년간)했으며
KAIST에서 석사학위를 받은
한국통이라네요

‘한탄강 세계지질공원’ 유네스코 승인

아름다운 한탄강 지질공원을
‘한탄강 세계지질공원’으로
유네스코가 승인을 했다(2020. 7. 7.)
이로써 경기도 연천군은
지난해 등재된
‘연천 임진강 유네스코 생물권보전지역’에 이어
유네스코 2관왕에 올랐다

한탄강 지질공원은, 국내 유일하게
강을 중심으로 형성되었으며
수도권에서 가까운 곳으로
철원·포천을 포함한 1168.6㎢에 이르며
26개의 지질 명소가 있다
특히, 약 50~10만 년 전에 걸쳐
분출된 용암이 굳어져 만들어진
현무암 주상절리가 압권이다

한탄강 지질공원은
전곡리 고고학 유적부터
고구려 유적·DMZ에 이르기까지
역사적 문화유산과 자연경관이

잘 보존되어 있으므로

활용 가치가 큰 자랑스러운 유산이다

군사위성 '아나시스2호' 발사

우리나라 최초의 군사 전용 통신위성
'아나시스2호'가
미국 플로리다주 케네디우주센터에서
2020년 7월 21일 오전 6시 30분에
성공적으로 발사되었다

미국의 민간 우주 탐사 기업인
스페이스X의 재활용 로켓 '팰컨9'에 실려
우주로 올라간 '아나시스2호'는
고도 약 630km 지점에서
발사체로부터 분리
발사 38분 만에 첫 신호 수신
8시 19분경 프랑스 툴루즈에 있는
위성관제센터(TSOC)와 첫 교신에 성공

향후 2주간 중간궤도 변경을 통해
고도 3만6000km의 정지궤도 안착 후
약 1개월간
위성의 성능과 운용성을 확인할 계획이다

한국은 이제, 세계 10번째로

군사위성 보유국이 되었으며
육·해·공 통합 독자적 작전도
가능하게 된 것이다

손흥민 선수, 토트넘 구단 5관왕

영국 런던 홈구장에서
올 시즌 마지막 경기를 마친 후
토트넘 구단 자체 시상식(2020. 7. 20.)에서
손흥민(28세) 선수가
팬들이 선정한
'올 시즌 선수'와 '올 시즌 골'
'주니어 멤버가 뽑은 선수'
'공식 서포터 클럽이 뽑은 선수'로
4관왕을 차지한 데 이어
토트넘 레전드들이 선정한
'올 시즌 선수'까지 차지하여(2020. 8. 6.)
5관왕에 올랐다

손흥민 선수는
올 시즌 18골, 12도움으로
공격 포인트 30을 기록
리그에서는
올 시즌 유럽 5대 리그에서도
7명뿐이라는
10(골)－10(도움)클럽에 가입하는
겹경사의 주인공이 되었다

한편, 차범근(67세) 전 감독이 세운
유럽 무대 통산 최다골(121골) 기록을
134골로 올렸다

'6층 사람들' 세상

잘 나가는 것 같았던
세계적인 도시 서울시가
그동안(9년간), 절대 왕국이었던 것은
2중 3중의 '6층 사람들' 있었음이
뒤늦게 드러나기 시작했다

몇 세기 전 왕조에서나 있을 법한
제왕으로 살아온 박원순 시장이
피고소인으로 자살한 날부터
세상에 알려지기 시작한
기막힌 이야기들

시장 자신은
서울을 스마트 시티로 만들겠다며
IT전도사를 자처해 왔는데
여비서에게는
낮잠을 깨우게 하고
벗어놓은 젖은 옷을 정리하게 하고
혈압을 재게 하고
주말 새벽엔 조깅을 함께하게 하고
집무실에 달린

침실과 샤워실은 또 뭔가?

4년여 동안
여비서의 성 고충을 들은
'6층 사람들' 의 대꾸는
'시장님 심기 관리하는 것이 비서다'
'그럴 분이 아니다'
'실수로 받아들이라'
'몰라서 그랬겠지'
'예뻐서 그랬겠지'
'30년 남은 공무원 생활 편하게 해줄 테니 비서로 와라'

'6층 사람들' 은
시청에만 있는 게 아니었다
같은 생각으로 무장된
시민단체와 운동권 출신 동조자들이
서울시와 산하기관 곳곳에 있으며
서울시의회 110석 중 102명이
다 같은 민주당원이고
여당인 민주당에선, 박 전 시장을
'100조 원이 있어도 복원할 수 없는 사람'

'맑은 분' 이라며 칭송 일색
대통령이 국회를 방문하여
협치를 강조한 날
민주당은 정보위원장까지 독차지하여
18개 상임위원회를 싹쓸이했다

법원에서는
박 전 시장의 통화 내역에 대한
압수수색 영장을 기각한 데 이어
서울시청사와 박 전 시장의
휴대전화 압수수색 영장도 기각했다
압수수색의 필요성이 부족하다며
청와대와 여성가족부는
왜 침묵하는가?

도처에서
피해자의 목소리는 못 들은 채
가해자의 편이 되어
진실 규명을 방해하고 있는 듯한
'6층 사람들' 세상

절대 권력은
절대 오래 갈 수 없는 법인데
견제 없는 권력 도취
그 끝이 보이질 않는다
'공소권 없음'과
'모두 안녕'이란 마법에 걸려

이수영 회장의 거액 기부

광원산업 회장이며
KAIST 발전재단 이사장인
이수영(83세) 씨가
평생 모아온 재산 676억 원을
KAIST에 기부하였다(2020. 7. 23.)
이는 개교 이래 최대 기부액인데
2012년부터 이번이 세 번째로
합계 766억 원

그는, 과학은 잘 모르지만
과학의 힘이 얼마나 큰 줄은 안다며
KAIST에서 국내 최초 노벨상 수상자가
나오는 것이 그의 바람이란다

경기여고, 서울 법대를 나온 후
서울신문 기자로 입사(1963)
한국경제신문, 서울경제신문 재직 중
전두환 정부의 언론 통폐합으로
강제 해직(1980) 후
선친이 남긴 50만 원짜리
적금 통장 2개를 밑천으로

농장 일과 사업에 진력
돼지 2마리로 시작한 목장을
1000마리로 확장하고
모래 채취 사업으로 부를 축적하며
부동산 사업을 시작(1988)
광원산업을 건설하였으며
신장암 투병의 고비를 겪으면서도
젊은 학생들을 위해
KAIST에 기부하는 게 참 행복했다고

독신으로 80을 넘기고
2년 전에 결혼한 남편은
서울 법대 동창이며 첫사랑이었던
김창홍 변호사

엘리트 독신의 여성으로
자수성가로 모은 전재산을
한국 과학 발전에 투자하는
그윽한 황혼 빛에 눈이 부시다

구광모, 국제백신연구소에 10억 기부

구광모 (주)LG 대표가
'코로나19' 백신 개발을 위해
국제백신연구소(IVI)에
10억 원을 기부했다(2020. 7. 27.)

구 대표의 기부는
회사가 아닌 개인 자격으로 했기에
회사에서도 뒤늦게 알게 되었다고
국내 대기업 총수 개인이
'코로나19' 백신 개발에 기부한 건
구 대표가 처음

IVI는, 개발도상국 어린이 전염병의
예방 백신 개발과
보급 사업을 하는 국제기구로
한국(서울대 연구공원)에 본부를 두고
최근엔
국내 바이오제약사 등과
'코로나19' 백신 공동 연구 개발을
추진하고 있는 중이라고

수영으로 오가는 남북

허허! 하하!
이것도 평화의 바람 여파인가?
이번엔
철책 밑 배수로로 빠져나가
수영을 해서 북으로 돌아갔다(2020. 7. 19.)
3년 전에
수영으로 남한 땅으로 온
바로 그 사람
강화도와 건너편 북한 땅은
그의 손바닥 안에 있었다

조선중앙통신이, 개성으로 돌아왔다고
발표할 때(2020. 7. 26.)까지
까맣게 모르고 있다가
부랴부랴 인정하며 뒷북을 쳤다
김포 거주 김모(24세) 씨며, 성폭행 피의자라고…
월북 이틀 후에야
구속 영장을 신청했다는
어처구니없는 이야기
국정원은 뭘 하고 있었으며
경찰은? 군 당국은?

남이나 북이나, 북이나 남이나
올 때도 몰라, 갈 때도 몰라
같은 민족 맞네

겉으론 첨단 과학장비
천하 무적 핵무기
서로 자랑, 자랑하면서
수영으로 오가는 청년 한 사람
왕복 무사 통과!
참 좋은 나라네!

코와 입이 막히는 '코로나 시대' 말

국회의원은 '소설'을 쓰고

'배수로'는 북으로 가는 통로

'촛불' 대신 '신발'도 있네

유충이 놀고 있는 수돗물

'코로나19'와 함께 예배를 보는 교회

태극기 들고 모인다고 다 애국자는 아닌 듯

서울은 천박한 도시

진실을 묻는 기자는 '나쁜 놈의 자식'

집을 팔까? 벼슬을 버릴까?

법무부장관의 '지시'를 반으로 잘라먹고 자라는 검찰총장

성추행 시장은 갔지만 그 '위력'은 살아 출렁거리는 그물망

공소권 없음은 진실 폐기법

여성가족부는 권력눈치보기부

체육계 폭력은 칼로 물 베기인가?

대한민국 초대 대통령과 애국가 부정하면 그게 광복이고 친일 청산인가?

마스크를 왜 그렇게 써? 턱 보호대, 팔찌, 귀걸이, 목걸이도 아닌데…

박승 전 한은총재, 모교에 10억 기부

박승(84세), 전 한국은행 총재이며
중앙대 명예교수가
모교인 김제 백석초등학교에
장학기금 10억 원을 기부했다(2020. 8. 3.)

박 전 총재는
백석초등학교 20회 졸업생으로
도서관 건축비 4억 원(2010)과
장학금 1억 원을 기부하는 등
김대중평화센터에 7억 원(2018)
모교인 이리공고에 7억 원(2019)을
이미 기부해 오고 있었다고

전북교육청은
이러한 기부 사실을 알리며
박 전 총재는
20년 된 소형차를
직접 운전하고 있을 정도로
평소 검소하게 살고 있으며
이번 10억 원은
사실상 그의 전재산이라고 했다

김종인, 5·18묘역 무릎 꿇고 참배

김종인 미래통합당 비상대책위원장이
미래통합당의 지상욱(여의도연구원장)
김은혜(대변인)
김선동(사무총장)을 대동하고
광주 5·18민주묘지를 찾아
흰머리에 마스크를 한 채
무릎 꿇고 참배하며
'잘못된 언행에 당을 책임진 사람으로 진실한 사죄를 드린다'
'부끄럽고 또 부끄럽고, 죄송하고 또 죄송하다'
'너무 늦게 찾아왔다' 며
울먹이며 용서를 구한다고 했다(2020. 8. 19.)

비상대책위원장이긴 하지만
보수 정당의 대표가
5·18추모탑 앞에서
무릎을 꿇은 건 처음 보는 그림
집권당인 민주당에서는
'무슨 신파극이냐?' 라며
못마땅해 하지만
지금까지 별별 '거짓 쇼' 보아 왔지만
한 번쯤이라도
'진짜 쇼' 이길 바라고 싶다

손창근 씨, 국보 〈세한도〉 기증

손창근(91세) 씨가
추사 김정희(1786~1856)의 대표작
〈세한도〉(국보 제180호)를
국립중앙박물관에 기탁(2011년부터)해 오다가
지난 1월에 기증했다고
배기동 박물관장이 뒤늦게 밝히며(2020. 8. 20.)
손창근 씨에게 서훈을 추진 중이라고

〈세한도〉는
실학자이자 문인화의 대가인 추사가
제주도 귀양살이(1844)를 하며
제자 이상적에게 선물한 작품이며
'세한'은 논어에 나오는 말로
추운 겨울이 된 뒤에야
소나무와 잣나무가
푸르게 남아 있음을 안다는 뜻이며
원래 가로 69.2cm, 세로 23cm였으나
후에, 청나라 명사 16명의 감상문과
오세창·정인보(근현대) 등의 글을 붙혀
10m가 넘는 두루마리 대작이 되었다

그림은, 간결한 한 채 집을 중심으로
좌우에 소나무와 잣나무가 대칭을 이루고
주위를 여백으로 두어
극도의 절제미를 보여주는 걸작품

앞서 손창근 씨는
부친(손세기)으로부터 물려받은 것과
자신이 모은 문화재를 합한
'손세기 · 손창근 컬렉션(202건 304점)'을
국립중앙박물관에 기증(2018. 11.)했으므로
이제
'손세기 · 손창근 컬렉션(202건 305점)' 기증을
모두 마무리한 대업적

박물관은, 올 11월에
〈세한도〉를 공개하는 특별전을
준비 중에 있다고 했다

신상소문 파문

'진인 조은산이 시무 7조를 주청하는 상소문을 올리니 삼가 굽어 살펴주시옵소서'

문재인 대통령에게 보내는
상소문 형식의 글이 '국민 청원'에
접수된 것은 지난 8월 12일
그런데, 이 글이 공개된 것은
15일 뒤인 8월 27일
왜 이렇게 늦어진 것일까?
청와대 공식 답변 요건인
20만 명의 동의도 훨씬 넘겼는데…

시무 7조의 내용 중
부동산 정책과 관련한
정부 인사들을 비판한 대목에서
절묘하게 그려낸 '2행시'

'현' 시세 11%가 올랐다는
'미' 친 소리를 지껄이고…

'해' 괴한 말로 백성들의 기세에

'찬' 물을 끼얹고…

'미' 천한 백성들의
'애' 간장을 태우고 있사온데…

위 문장의 앞글자를 모아 보면
(김)현미, (이)해찬, (추)미애가 된다

고려 문신 최승로가
성종에게 올린 '시무 28조' 에 빗대어
실패한 정책을 비판한 것이
달갑지 않았겠지만
대통령께 올린 글인 만큼
대통령이 직접 답한다면
'국민과 수시로 소통하는 대통령이 되겠다' 던
취임사의 약속을 지킬 수 있는
좋은 기회가 될 것인데…

대통령은 말이 없고
한 시인이 나서서
'하교' 란 글로 반박을 했다구요?

BTS, 미국 MTV ‘VMA’ 4관왕

방탄소년단(BTS)이
제37회 미국 MTV
‘비디오 뮤직 어워드(VMA)’ 에서
4관왕에 올랐다(2020. 8. 30.)
지난 2월에 발매한
정규 4집, 맵 오브 더 솔; 페르소나의
타이틀곡 〈온(ON)〉으로
‘베스트 팝’
‘베스트 K팝’
‘베스트 안무’ 등 3개 부문과
‘베스트 그룹’ (2년 연속)까지
왕좌를 지키면서

이날 처음 공개된
신곡 〈다이너마이트〉 무대는
브루클린 브리지에서 시작하여
뉴욕 타임스퀘어와
맨해튼 야경을 비춘 후
서울 여의도 한강으로 바뀌면서
시선을 사로잡았다고

한편, 블랙핑크도

〈하우 유 라이크 댓〉으로

'송 오브 서머' 부문에서 수상했다고

빌보드에서 터진 BTS의 〈다이너마이트〉

방탄소년단(BTS)의
첫 영어 싱글 〈다이너마이트〉가
미국 빌보드 싱글 차트 '핫 100'에서
1위를 차지하자(2020. 8. 31.)
각국 언론들은
'BTS가 역사를 새로 쓰고 있다'며
찬사를 아끼지 않았다

한국 가수로는 처음이며
아시아에선 사가모토 규(일본)의
〈스키야키〉(1963) 이후, 57년 만의 일
문재인 대통령도 트위터를 통해
축하 메시지를 남겼다

BTS는 2018년에 아시아 가수 최초로
앨범 차트 '빌보드 200'에서
1위를 차지하였으므로
빌보드 양대 메인 차트를 석권하여
K팝 역사의 대기록을 세우게 된 것

온 나라가

'코로나19'와 태풍과의 전쟁으로
모두 힘겨워하고 있는데
이렇게 좋을 수가…

키 170cm의 '신라 여인'의 장신구

지난 5월에
사상 13번째로 금동 신발이 나왔던
경주 황남동 120-2호분에서
6세기 전반에 제작된 금동관 등
장신구 일체가 출토됐다고
문화재청이 밝혔다(2020. 9. 3.)
금동관·귀걸이·반지·신발 등이
함께 출토된 것은
황남대총 발굴(1973) 이후 처음

1500여 년 만에 드러난 피장자는
머리엔 금동관을 쓰고
양 귀엔 금귀걸이(여성용)를 하고
구슬을 엮어 만든 가슴걸이
그 아래로 은허리띠
은팔찌·은반지를 끼고
양 발엔 금동 신발까지 신은 여인은
키가 170cm 내외일 거라고
오른팔 표면에 있는
500개의 노란색 작은 구슬은
아마도 구슬 팔찌로 보이고

오른손에는 5개의 은반지
왼손에는 1개의 은반지(추가 출토 예상)가 나온 것은
천마총 피장자처럼
손가락마다 반지를 꼈을 것으로 예상

이번에 출토된 장신구들은
머리부터 발끝까지
사람 형상대로 나왔으므로
피장자가 이들을 착장한 채
묻힌 것으로 판단

문화재청에 의하면
이번 발굴은, 2018년부터 해온 것이며
앞으로 과학적 분석 등으로
인골 흔적을 탐색하고
피장자의 정보를 조사할 것이라고

제1회 '청년의 날' 기념식 유감

제1회 '청년의 날' 기념식이
청와대 녹지원에서 열렸다(2020. 9. 19.)

최근 미국 빌보드 싱글 차트에서
〈다이너마이트〉로
2주 연속 1위를 차지한
방탄소년단(BTS) 7명의 청년들을
청년 대표로 초대하여
그들의 메시지를 듣고
2039년 제20회 '청년의 날'에 공개될
'선물 상자'를 전해 받은 대통령은
기념사에서 '공정'이란 말을
37번이나 언급했다

이건 또 뭐지?
공허함의 표본?
그 멋진 방탄소년단이
처음으로 초라하게 보이는 까닭은?

온 나라를 떠들썩하게 하고 있는
'아빠 찬스' '엄마 찬스'로

온통 시끄러운 이때에
공정은 무슨 공정?
이 또한 뭘 위한 행사인가?
어딘지, 어쩐지 찜찜하다

타임의 '영향력 있는 100인' 발표

미국 시사 주간지 타임이
'2020 세계에서 가장 영향력 있는 100인'을
선정 발표하였다(2020. 9. 22.)

그 중에 한국인으로는
'코로나19' 관리에 앞장서 온
정은경 초대 질병관리청장과
세계 영화계의 태양으로 떠오른
봉준호 감독

타임지에 따르면
올해엔 '코로나19'에 맞섰던
정은경 청장을 비롯한
각국 의료진과 과학자가
다수 선정되었으며
봉준호 감독은
예술가 부분 17명 중 1명이라 했다

* 지금까지 '100인'에 오른 한국인: 이건희(삼성전자 회장, 2005), 비(가수, 2006·2011), 김연아(피겨선수, 2010), 박근혜 대통령(2013), 권오현(삼성전자 상임고문, 2013), 문재인 대통령(2018), 방탄소년단(2019). 북한 김정일 국방위원장(2회), 김정은 국무위원장(5회)

한라산 구상나무가 죽어 가고 있다

제주 한라산 성판악에 있는
세계에서 가장 넓은 구상나무 숲이
기후 온난화 현상으로
폐허가 되어 가고 있는 중

구상나무는
우리나라 특산식물(1920년 보고)로
'크리스마스 트리'로 유명하며
세계자연보전연맹에 의해
국제적 멸종 위기종으로 지정(2013)

2000년 이전까지만 해도
한라산 구상나무는 건강했으나
이후, 겨울 적설량이 점차 줄어들고
더욱 강력해지는 태풍과 집중호우
최근 50년 새, 1.2도 높아진 기온으로
위기를 맞고 있다고

전문 연구원 논문에서는
구상나무의 멸종은
한라산 생태계 재앙이라며

만약 구상나무가 없다면
구상나무 숲 이끼나, 애기사철란 같은
종들도 소멸할 것이라는 예고까지
기후 재앙을 염려하고 있다

이미림의 기적 같은 칩샷 우승!

이미림(30세) 선수가
대회 마지막 라운드에서
기적 같은 세 번의 칩샷을 보이며
우승컵을 들어올렸다(2020. 9. 14.)
미국 여자프로골프(LPGA) 투어
메이저 대회, ANA 인스퍼레이션에서

결정적인 순간마다
환상적인 칩샷 성공으로 뽐내더니
마지막 홀에선 칩인 이글로
합계 15언더파 공동선두를 만든 후
연장 첫 홀에서
브룩 헨더슨(캐나다)과
넬리 코다(미국)와의 대결에서
혼자 버디를 잡아 우승!
한국 선수로는 이 대회에서
6번째 우승이며
LPGA 개인 통산 4승이 되었다

이미림 선수는
2014년에 LPGA 투어에 진출

2017년 KIA 클래식 우승 이후
왼쪽 손목 부상으로 우승이 없었다
지난해엔 24개 대회 중 톱10에 2번
그리고 오늘, 메이저 우승!

'팥죽 할머니' 김은숙 씨는 기부 여왕

40여 년 간 팥죽을 팔아
모은 돈 12억 원을 기부한
'팥죽 할머니' 김은숙(81세) 씨가
코오롱그룹 오운문화재단의
제20회 우정선행상 대상 수상자로
선정되었다고 알려졌다(2020. 9. 28.)

김은숙 씨는 1976년 서울 삼청동에서
'서울서둘째로잘하는집' 이라는
팥죽집을 차리면서부터
어려운 학생들에게 장학금을 지원
2009년부터 사랑의열매 사회복지회에
매달 기부를 늘려왔다
지난해(2019)에는
사별한 남편이 남긴 아파트를 팔아
9억 원을 기부하는 등
은평병원 환자들에게도
6500만 원을 지원하며
몸소 간식 나눔 봉사까지 해온
아름다운 이야기의 주인공

우정선행상은

고 이동찬 코오롱그룹 회장의

호(牛汀)을 따서 제정(2001)된 제도라고

2020년, 한국 트롯의 해

한국인 삶을 노래한
우리의 전통가요 100년(2020)
최대 명절인 추석날(10월 1일)
한국 가요사에 길이 남을
'제1회 트롯 어워즈'가 탄생되었다

TV조선을 통해
'코로나19'의 방역 조치 속에 열린
장장 4시간 동안의 대형 무대!
첫 무대는
최고참 남진과 최연소(14살) 정동원과의
새로운 모습의 '파트너'

한국 최초의 트롯계 시상식!
거리를 두고 참석한 가수들은
'살다보니 이런 좋은 날도 있다'며
눈시울을 붉히며 설레는 모습들
시상자도 수상자도
벅찬 가슴을 숨기지 않았다

이같은 오늘이 있기까지

현재 인기 절정을 누리고 있는
〈미스터트롯〉 출신의 가수들과
〈미스터트롯〉을 탄생시킨
TV조선이 있다는 사실과
100년간 이어온 외길 가수들의
공든 탑이 있었기 때문

대상엔
평생 국민 속에서 노래한
〈동백 아가씨〉의 이미자
공로상엔
나훈아와 함께 쌍벽을 이루고 있는
'1세대 오빠'인 남진
신인상엔
임영웅(〈미스터트롯〉의 진)과
송가인(지난해 〈미스트롯〉의 진)
특히, 트롯의 새 바람을 일으킨
〈어머나〉의 장윤정은
심사위원 특별상을 받으며
감격의 눈물을 쏟아냈다

이 외에 '가수왕상' 등
여러 부문의 수상자를 배출하며
신·구가 잘 어우러진
새롭고 풍성한 축하 무대!
오늘의 이 기쁨
오래오래 이어지길 바란다

〈테스형〉으로 돌아온 나훈아

올 추석 연휴를 휩쓴 건
염려하던 '코로나19'가 아니라
15년 만에 방송 무대에 선
가수 나훈아였다고들 했다

추석 전날(2020. 9. 30.) 저녁
KBS2 TV에서 방영된
이색적인 대형 비대면 공연!
시청률 29%를 기록하며
각종 온라인 커뮤니티마다
'눈물이 난다'
'왜 가황이라 하는지 알겠다'
'진정한 예인을 봤다'
'역시, 나훈아는 나훈아' 등
찬사가 쏟아졌다

73세 나이를 무색케 하는
30여 곡의 거침없는 열창, 열창…

〈잡초〉〈사랑은 눈물의 씨앗〉
〈갈무리〉를 불러온 가수가

이번엔 〈테스형〉을 불러
광팬들을 놀라게 했다
그리스 철학자 소크라테스를 소환하여
'형'이라며
세상을, 인생을 이야기하면서
또 다른 트롯의 맛과
그만의 멋을 보여주었으며
코로나 우울에 빠진 국민들을
정신 번쩍 들게 하였다
가슴 뿌듯한 밤이었다
가수 한 사람의 힘으로…

손흥민, 한국 최초 빅리그 100골 달성

바로 1주 전에 부상이었던
토트넘의 손흥민(28세) 선수가
한국인 최초로
빅리그 100골(299경기)을 넣어
독일 분데스리가에서 활동한
차범근(67세) 선수의
98골(308경기)의 기록을 넘어서는
새 기록을 세웠다(2020. 10. 5.)
2020~21 시즌 프리미어리그 4라운드
맨체스터 유나이티드 원정경기에서
2골 1도움으로 6:1 대승을 이끌며

이보다 앞서, 프리미어리그 2라운드
사우샘프턴전(2020. 9. 20.)에서는
4골을 넣어(팀 5:2 승)
프리미어리그에 진출한(2015) 후
첫 해트트릭과
1경기 최다득점 기록을 세워
본인의 최전성기에 접어들었음을
일러주고 있음은 물론
올 시즌 6골의 손흥민 선수는

도미니크 칼버트-르윈(에버턴)과
득점 공동 선두가 되었으며
득점왕까지 바라보게 되었다는 소식

'말모이'·'조선말 큰사전' 원고, 보물 되다

한글날을 맞은 문화재청에서는
암울했던 일제강점기에
첫 한글사전을 준비했던
주시경(1876~1914) 선생의
'말모이 원고'(등록문화재)와
조선어학회가
이를 바탕으로 하여
사전 편찬을 준비했던
'조선말 큰사전 원고'(등록문화재)를
국가지정문화재(보물)로
지정 예고하였다(2020. 10. 8.)

문화재청은
등록문화재 제도 시행(2001) 이래
기존의 등록문화재였던 것을
보물로 승격한 건 처음이라 했다

'빨간 바지의 마법사' 메이저 우승

'빨간 바지의 마법'은 오늘도 통했다
빨간 바지를 입고 나온
김세영(27세) 선수가
드디어, 메이저 첫 우승을 했다(2020. 10. 12.)
미국 여자프로골프(LPGA) 투어
시즌 3번째 메이저대회
KPMG 여자 PGA 챔피언십
마지막 라운드에서
2타 차 선두로 출발
날카로운 샷과 흔들리지 않는 퍼트로
단독 리드를 이어갔다
보기 없이 버디 7개(합계 14언더파)로
2위 박인비(9언더파) 선수를
5타 차로 벌리며
LPGA 진출(2015) 이후
11승 만에 이룬 쾌거!

이로써 김세영 선수는
6시즌 동안 매년 우승을 하여
박세리(25승), 박인비(20승)에 이어
신지애(11승)와 함께

한국인 LPGA 투어 최다승 공동 3위
세계 랭킹도 1위 고진영에 이어
2위로 올라섰다

이번 대회 2위를 한 박인비 선수도
남이 넘볼 수 없는 경기를 했다며
칭찬과 축하를 아끼지 않았으며
미국 골프 다이제스트는
오늘, 김세영의 우승을 가로막는 건
아무것도 없었다며
메이저 역사상 가장 인상적인
마무리를 펼쳤다고 평가했다

이날, 김세영 선수는
모두 어렵다는 골프장이었는데도
혼자 다른 골프장에서 하는 것처럼
편안하고 여유롭게 보였다

재계 큰 별, 이건희 삼성회장 별세

한국 재계의 큰 별
세계적인 기업 '삼성'의 거목
이건희(78세) 회장(2대)이
6년여 동안의 투병 끝에
숙환으로 별세했다(2020. 10. 25.)

죽음이란
누구나 한 번은 가야 하는 길이지만
생전에 아무나 할 수 없는
'글로벌 초일류' 시대를 열어주었기에
그의 배짱이
그의 경영철학이
그의 국가적 업적을
다시 되돌아보고 있다

회장 취임식(1987)에서
'초일류 기업'을 선포한 후
'신경영 선언'(1993)에 이어
'창조경영 선언'(2012)을 하며
변화와 혁신을 멈추지 않고
달리고 달려온 거인

세계 최초로
'64MD램' 개발(1992)을 시작으로
반도체, 스마트폰, TV 등 분야에서
글로벌 1위에 오르는
기술 신화의 주역이 되었으며
국민 소득 2만 달러 시대를 주창한(2003)
선구적 경제인
레슬링협회장을 역임하고
국제올림픽위원회(IOC) 위원으로
평창 동계올림픽 유치(2011)를 이끌어낸
역동적 스포츠인
근대 미술의 보고라 할 수 있는
리움미술관을 설립한
종합적 문화예술인

대기업 회장이라고
그냥 돈만 많은 부자가 아니라
탁월한 기업정신을 발휘하여
국민들에게도 자긍심을 심어 주었기에
굳이 공과를 따진다 하더라도
세상에 이만한 사람 얼마나 있을까?

부디, 큰 별 있던 자리
단단한 발판 삼아
쭉쭉 뻗어나가는 기업 되길…

법륜 스님, '니와노평화상' 상금 기부

법륜 평화재단 이사장이
아시아의 종교 노벨상으로 불리는
'니와노평화상'을 수상하고(2020. 10. 26.)
상금 2000만 엔(약 2억 원) 전액을
동남아 빈곤 여성 및
코로나 방역 지원으로 기부하겠다고

일본 니와노평화재단 측은
법륜 스님이, 기독교인과 협력하여
평화 증진에 노력해 왔으며
특히, 필리핀 민다나오의 무슬림
인도의 힌두교와 기타 종교인
미얀마의 로힝야족 등
종교가 다른 이들을 위해
해외 활동에 집중하는 것에
깊은 인상을 받았다며
선정 배경을 설명했다

법륜 스님은, 수상 연설에서
모든 사람의 자유와 행복은
인류의 꿈이라며

가장 먼저 실천할 3가지 과제는
평화, 환경, 불평등 해결이라며
특히, 기후 변화 대응 등
환경운동의 필요성을 강조하였다

‘아기상어 댄스’ 유튜브 조회수 1위

동요 〈상어가족〉의
‘아기상어 댄스’ 영상이
70억 3700만 회를 돌파하여
유튜브 콘텐츠를 통틀어
조회수 1위를 차지했다(2020. 11. 2.)고
〈상어가족〉을 만든 콘텐츠 업체인
스마트스터디가 밝혔다

지난 2017년 8월부터
정상을 지켜온
루이스 폰시(미국 가수)의
데스파시토(Despacito) 뮤직비디오를 제치고
유튜브 최다 조회 영상이 된 것

우리말 동요가
아이들에게 뿐만 아니라
외국의 야구장에서까지
응원가로 불려지는 등
세계인의 1등 귀여움을 받게 될 줄이야…

2020년 미국 대통령 선거 관전기

민주주의 대표 국가 미국
민주주의의 꽃 선거
선거의 마무리 승복

투표를 끝내고
개표 결과 마지막 승자는
축하받을 경사
패자가 실패를 인정하고 승복하는 건
박수받을 만한 멋진 의례

미국의 이런 공식이
2020년 46대 대통령 선거에선
통하지 않았다

선거 초반부터
억지 투쟁 분위기 나타나더니
개표가 진행될수록
재선 실패로 기울어진 트럼프 대통령은
불도그 같은 불복 현상 울퉁불퉁
보따리 보따리 소송 폭탄 준비 중
재임 기간 동안 보여준

별난 '트럼프 스타일' 인 듯
1등 국가라고
모두가 1등 국민은 아닐 터
민주주의가 웃겠다

이미 언론에선
당선자(바이든)를 발표하였으나
패자(트럼프)의 승복 발표 없이
당선자 연설을 하는(2020. 11. 8.)
이색 현상이 일어났다

민주주의 대국 미국을
세계인들이 바라보고 있다
둘로 갈라진 나라의 깊은 상처를
어떻게 치유하는지…
현 대통령의 억지 고집은
언제 멈출지…

전태일 열사, 무궁화 훈장 추서

'우리는 기계가 아니다'를 외치며
분신한(1970년) 전태일 열사
50주기 하루 전(2020. 11. 12.)

전 열사의 유가족인
동생 전태리·태삼·순옥(전 국회의원)을
청와대로 초청한 문재인 대통령은
고인에게 무궁화 훈장을 추서하였다
국민훈장 1등급인 무궁화 훈장을
노동계 인사에게 추서한 것은
처음 있는 일

문 대통령은
'노동 존중 사회로 가겠다는 정부 의지의 상징적 표현'이라며
'50년이 지난 늦은 추서이긴 하지만, 우리 정부에서 훈장을 드릴 수 있어 보람으로 생각한다'며

그러나, 노동계에선
50년 전과 달라진 게 없다며
내일(2020. 11. 13.) 있을
대규모 시위 준비를 하고 있다

아파트가 빵이라면

지난 7월만 해도
'주택 공급이 부족하지 않다' 던
김현미 국토교통부장관이
주택 공급 부족을 인정(2020. 11. 30.)하면서

'아파트가 빵이라면 내가 밤을 새워서라도 만들겠다' 라고 하여
모두를 허탕하게 만들었다

아리송한 통계 자료를 놓고
장관의 빵 터지는
빵 같은 소리…

꽃들이 무슨 죄라고

꽃들이 무슨 죄라고
꽃들이 욕을 먹고 있다

검찰청 앞에 늘어선
대형 화환 길
법무부 복도에 진열된
꽃바구니 길

싸우다 싸우다
꽃길 싸움까지 벌어진 나라 꼴

꽃의 본질인 아름다움은
온데간데없이
지질한 욕을 먹고 있다
허섭쓰레기 취급을 받고 있다

임성재, 마스터스 값진 준우승

임성재(22세) 선수가
미국 조지아주에서 열린
마스터스 최종 라운드에서
20언더파를 친
더스틴 존슨(미국·세계 랭킹 1위)에 이어
15언더파를 친
캐머런 스미스(호주)와 함께
공동 2위에 올랐다(2020. 11. 16.)

임성재의 15언더파 성적은
대회 사상 8번째(총 84차례 중)로
우수한 기록이며
76개 대회에서 우승한 실력
더구나 첫 참가자 중에선 단연 최고
아시아 선수 중 최저타 기록

지난해(2019) PGA 투어 신인상
올해는 페덱스 랭킹 5위로
시즌을 마친 임성재 선수에게
더 좋은 성적을 기대하며
오늘의 성과에 박수를 보낸다

돌아온 조선시대 해시계(앙부일구)

조선 과학기술의 정수인
해시계 1점이, 미국에서 경매를 거쳐
돌아왔다는 반갑고 고마운 소식!

국외소재문화재단이
지난 6월에 구매하여 공개한(2020. 11. 17.)
이 해시계는
18~19세기 초 제작된 것으로 추정되며
지름 24.1cm, 높이 11.7cm
무게 약 4.5kg의 보물급 유산

해시계는
세종 16년(1434) 처음 제작되어
조선 후기까지 쓰인 것으로
영침(시곗바늘)의 그림자로
시간, 절기, 방위를 알 수 있는
실용과 아름다움까지 갖춘
우리 선조의 얼이 담긴
자랑스럽고 빛나는 유산

김세영, 펠리컨 위민스 챔피언십 우승

김세영(27세) 선수가
미국 플로리다주에서 열린
LPGA 투어 펠리컨 위민스 챔피언십
최종 라운드에서
2위 앨리 맥도널드(미국)를
3타 차로 제치고
14언더파로 우승했다(2020. 11. 23.)

짧은 빨간 치마를 입고 나선
김세영 선수는
단독 선두로 출발하여
끝까지 리드를 지켰으며
지난달(KPMG 여자 PGA)에 이어
2개 대회 연속 우승하므로
올 시즌 상금(113만 3219달러)
올해의 선수(106점)
최저타수(68.111타) 등
주요 부문 1위에 올랐다

이번 우승으로, 개인 통산 12승!
박세리(25승), 박인비(20승)에 이어

한국 선수 개인 통산 최다승
단독 3이에 오르고
세계 랭킹도 고진영(1위)에 이어 2위
남은 2개 대회가 기다려진다

정은경, BBC '올해의 여성 100인' 선정

정은경 질병관리청장이
영국 BBC 방송이 선정한
'2020 올해의 여성 100인'에
한국인으론 유일하게 올랐다고
발표하였다(2020. 11. 23.)

지난해엔
이수정 경기대 범죄심리학 교수(국민의힘 성폭력대책특별위원)가
선정된 바 있었지만

BBC는 정 총장을
'코로나19' 대응을 이끄는
'바이러스 헌터'로 소개하면서
'투명하고 차분한 일일 브리핑으로 유명하다'고 덧붙이기도 했다

또한 BBC는, 올해 첫 자리엔
'이름 없는 영웅'이 올랐다면서
수많은 여성이 세계 곳곳에서
다른 이를 돕고자 희생했으며
그들의 공로에 감사하고
그 과정에서 목숨을 잃은 이들을

기리고자 자리를 비워두었다는 말에
마음이 짠하기도 했다

송강호·김민희, 위대한 배우 25인

미국 일간지 뉴욕타임즈(NYT)가
영화배우 송강호와 김민희를
'21세기 가장 위대한 배우 25명' 에
이름을 올렸다(2020. 11. 25.)

송강호에 대해선
2020년 아카데미 작품상 수상작인
봉준호 감독의 〈기생충〉에서
가난한 가장의 연기로
미국 관객들에게 주목을 받았으며
이어서
봉준호 감독의
'그는 무궁무진한 다이아몬드 광산' 이라고 한 말을
인용하기도 했다

김민희에 대해선
홍상수 감독의 영화
〈그때는 맞고 지금은 틀리다〉에서
'절묘한 뇌앙스의 연기가 돋보였다' 고 평하며
〈아가씨〉에서 돌변한 연기도
주목했다고 했다

이번 평가에서 그 첫 번째로는
미국의 덴젤 워싱턴이며
프랑스의 이자벨 위페르
영국의 다니엘 데이 푸이스
캐나다의 카아누 리브스
호주의 니콜 키드먼 등이 올랐다고

'박사방' 조주빈에 징역 40년 선고

서울중앙지법 417호 대법정
이현우 재판장의
1심 선고가 있었다(2020. 11. 26.)

텔레그램 채팅방인 '박사방'을 통해
아동·청소년 성착취 영상물을
제작, 유포한 혐의 등으로 구속된
조주빈(25세)에게
징역 40년을 선고하고
위치추적 전자발찌 부착 30년
신상정보 공개·고지 10년
취업 제한 10년
1억 400여만 원 추징의
명령도 함께 내렸다

범행의 중대성과 치밀성
피해자의 숫자와 범행으로 인한 해악
피고인의 태도를 고려하여
엄한 처벌과 장기간의 사회적 격리가
필요하다고 선고의 이유를 밝혔다

이 자리에 함께 나온
공범 강모(24세) 씨에겐 징역 13년
천모(29세) 씨 등에겐 징역 7~15년
미성년자인 이모(16세) 군에겐
장기 10년, 단기 5년형을 선고하기도

그동안, 성범죄에 관하여
이상하리만치 관대한 것 같더니
이제 좀 달라지는 걸까?

전두환, 사자명예훼손 1심서 유죄

전두환 전 대통령이
광주 5·18민주화운동 때
계엄군이 광주 시민을 향해
헬기 사격을 했다고 주장한
고 조비오 신부를
자기 회고록을 통해
'파렴치한 거짓말쟁이'라고 비판했다가
사자명예훼손 혐으로 기소되어
1심 선고 공판에서
징역 8개월, 집행유예 2년의
유죄 판결을 받았다(2020. 11. 30.)

재판부는
피고인은 판결 선고를 계기로
자신을 되돌아보고
진심으로 사과하길 바란다며
선고 공판을 마쳤다

전 전 대통령은
1997년 내란 및 내란목적살인죄로
무기징역 확정 판결로 복역하다가

특별사면으로 석방되었지만
그는, 당시 정보기관 수장에 불과하여
아무런 책임이 없다는 입장이었다

인생 천년 사는 것도 아닌데
죽기 전에, 더 늦기 전에
인정할 건 인정하고
사죄할 건 사죄하며 살면
마음이나마 홀가분할 수 있을 텐데…

BTS, 빌보드 양대 차트 동시 석권

방탄소년단(BTS)이 새 앨범 'BE'로
'빌보드 200' 1위에 오르고(2020. 11. 29.)
다음날엔, 'BE'에 수록된
우리말로 된 신곡
〈라이프 고스 온(Life goes on)〉으로
'빌보드 핫 100' 1위에 올라
빌보드 양대 메인 차트를
동시 석권하는 진기록을 세웠다

지금까지, 빌보드 양대 차트를
동시 석권한 가수는
올해 7월에 나온 앨범 '포크로어'와
타이틀곡 〈카디건〉의 주인공
테일러 스위프트(미국 팝스타)밖에
없었다는 사실

BTS는, 〈러브 유어셀프 전 티어〉로
'빌보드 200' 1위에 오른(2018. 5.) 후
2년 6개월 동안 발표한
앨범 5장 모두 1위에 오르면서
한국·아시아·비영어권의

최초 기록을 이어가고 있으며
전세계를 통틀어봐도
영국 그룹 비틀스(1966~68년)와
미국 래퍼 퓨처(2017년) 이후의 대기록

'코로나19' 속 대학수학능력시험일 모습

2021학년도 대학수학능력시험일(2020. 12. 3.)
유례없는 '코로나19' 비상 상황에서
12월에야 치르게 된 국가적 행사

모든 수험생은 마스크를 쓰고
칸막이가 설치된 책상에서
문제를 풀어야 했다
'코로나19' 확진자(41명)와
다른 질환자(4명)는
지역별 별도 장소에서 응시

새벽부터 고사장 밖을
시끌벅적하게 하던 응원 모습은
추억 속의 일이 되었으며
시험을 마친 후에도
친구들과 몰려다니며 즐기던
수험생들의 풋풋한 모습도 옛말
백화점 등 유통업체들의
각종 이벤트도 폐지 또는 축소됐다

이날 시험은, 전국 86개 시험지구

3만 1291개 시험실에서 실시
응시자는 지난해보다
5만5301명(10.1%) 감소한 49만 3433명
이는 역대(1994년 이후) 최소 규모였다

경주 44호분 주인은 어린 신라 공주

경주 대릉원 동쪽
쪽샘지구 44호분 주인공은
1500년 전, 신장 150cm의
어린 신라 공주로 추정
지병목 국립문화재연구소장은
국내 단일 고분으로는
최장 기간 조사한 것이라고 밝혔다

2007년 예비조사에 착수
2014년부터 본격 발굴 후
지난해(2019년)
무덤 둘레에 쌓은 돌(호석) 주변에서
기하학적 문양과 기마행렬도가 그려진
토기 조각들이 나왔으며
이번엔 무덤 주인공의 자리 실체가
여실히 드러난 것이라고
문화재청 국립경주문화재연구소는
발굴 현장에서
온라인 기자간담회를 열고
무덤 구조와 출토품을 공개했다(2020. 12. 7.)

44호분은

전형적인 돌무지덧널무덤(적석목곽묘)으로

특히 가슴걸이는

남색 유리구슬과 날개 달린 금·은 구슬을

4줄로 엮어 곱은 옥을 매달았는데

이는 황남대총이나 천마총 등에서

확인된 바 있는 최상급 디자인이며

이 밖에

금동관 1점, 금 드리개 1쌍, 금 귀걸이 1쌍, 가슴걸이 1식, 금·은 팔찌 12점, 금·은 반지 10점, 은 허리띠 장식 1점 등

머리부터 발끝까지 완전 착장 상태

그 중에 유달리 작은 금동관과

은 장식 작은 손 칼을 지닌 것은

분명 여성임을 알게 하는 것이며

피장자의 머리맡에서 나온

수십 점의 비단벌레 금동 장신구는

최상급 무덤 출토품과 같으나

이제껏 확인된 바 없는

물방울형도 나온 것이 특징

발치의 토기 사이에서 나온
200여 점의 바둑돌은
요즘 것보다 훨씬 작고
자연석을 그대로 쓴 것으로 보이며
이번엔 피장자가 여성이란 사실

약을 짓는 작은 약용 절구와 절굿공이는
병약했을지도 모르는 주인공의
저승길 장수를 기원했을 듯

피장자 주변에서 나온 금 귀걸이 등은
아마도 순장자의 것이 아닐까?
이는 추가 발굴에서 밝혀질 것이라고

국립경주문화재연구소 측은
현재 절반 정도 마친 것 같다며
앞으로 계속 조사 분석할 예정이라고 했다

부여 부소산성, 백제 명문 토기 발굴

충남 부여 부소산성에서
관람객 편의시설을 위한
방재 공사 도중(지난 7~8월)
1400년 전 백제 명문 토기와
백제~통일신라 시대 성벽과
기왓조각을 쌓아 만든 건물터 등을
확인했다고 밝혔다(2020. 12. 8.)

문화재청 국립부여문화재연구소
유은식 학예연구실장에 의하면
특히, 궁녀사 구간 집수시설에서는
중국제 자기·칠기 등과 함께
수백 점의 백제 사비기 토기가
거의 완형으로 나왔으며
7세기 신라 병형토기도 출토되었다고

이 중에
14자의 명문(1자 미해독)은
'乙巳年三月十五日牟尸山菊作( )'
〔을사년 3월 15일 모시산 사람 국(菊)이 만들었다〕로 해석
마지막 1자는 기와 와(瓦) 자의

옛날 표기인 것 같다고 했으며
또 '北舍(북사)'가 적힌 토기는
중심 시설 북쪽의
부속 건물을 뜻한다고 했다

연구소 측은
백제 토기의 제작자까지 밝힌
자료가 나왔다는 것과
백제~통일신라기 산성 연구의
소중한 자료가 나온 점을
높이 평가한다고 말했다

김아림, US여자오픈 드라마 주인공

미국 텍사스주 휴스턴 챔피언스 클럽
LPGA 투어 US여자오픈 최종일(2020. 12. 15.)
경기 내내 마스크를 쓰고 출전한
비회원 김아림(25세)이
선두와 5타 차 9위로 출발했으나
마지막 3홀 연속 버디를 잡아
최종합계 3언더파로
고진영(25세) 등을 1타 차로 제치고
역전 우승을 거두고
풍성한 드라마의 주인공이 되었다

박세리(당시 21세)가
'맨발의 투혼'으로 우승하여(1998. 7. 7.)
'IMF 외환위기'로 신음하는 국민에게
큰 힘이 되었었는데
이번엔(22년 뒤)
'코로나19'로 힘겨워하는 국민에게
큰 기쁨을 전하며
대단한 기록을 남겼다
김아림은

- LPGA 첫 우승을 US여자오픈에서 거둔 20번째 선수

• US여자오픈에 처음 출전으로 우승한 5번째 선수

• 최종일 5타 차 역전 우승한 7번째 선수(타이 기록)

• LPGA 비회원 우승 10번째 선수

• LPGA 투어 카드 없이 우승한 3번째 한국 선수(유소연-2011년, 전인지-2015년)

• US여자오픈 한국 선수 11번째 우승 선수

• 한국 선수 메이저대회 우승 34번째 선수

* US여자오픈 우승한 한국 선수(11회)_ ①박세리(1998), ②김주연(2005), ③박인비(2008), ④지은희(2009), ⑤유소연(2011), ⑥최나연(2012), ⑦박인비(2013), ⑧전인지(2015), ⑨박성현(2017), ⑩이정은6(2019), ⑪김아림(2020)

'20년 억울한 옥살이' 무죄 선고

이춘재 연쇄살인 8차 사건의
범인으로 몰려
20년간 옥살이를 한
윤모(53세) 씨가
사건 발생 32년 만에
무죄 선고를 받았다(2020. 12. 17.)

수원법원종합청사 501호 법정
재심 선고 공판에서
수원지검 형사12부(박정제 부장판사)는
과거 수사기관의 부실 행위로
잘못된 판결이 나왔다며
윤씨에게 무죄 선고를 하고
피고인에게 사과했으며
수원지검 형사도 경찰청도
깊이 반성한다고 했다

지난해 이춘재(57세) 씨가
8차 사건도 자기가 했다고 자백
이어, 윤씨가 재심을 청구하여
오늘에 이르게 된 것

늦어도 너무 늦었지만
이나마, 그래도 다행!
다신 이런 오판 없길…

손흥민, 올해 FIFA 최고의 골 선정

손흥민(28세 · 토트넘) 선수가
국제축구연맹(FIFA)의
'더 베스트 FIFA 풋볼 어워즈 2020'에서
지난 시즌 번리를 상대로 터트린
'70m 원더골'로
'푸스카스상'을 받았다(2020. 12. 18.)

한국인 최초이며
아시아권에서도
2016년 말레이시아의
모하메드 파이즈 수브리에 이어
두 번째인 대단한 기록

손흥민 선수는
푸스카스상이 보일 때마다
대한민국 국기가 보일 텐데
그 순간마다 엄청난 영광과
자부심을 느낄 것이라며
대한민국을 더 자랑스럽게 하겠다고
다짐하며 기뻐했다고

고진영, 시즌 최종전 우승 그리고

세계 랭킹 1위인 고진영(25세)은
미국 플로리다주에서 열린(2020. 12. 21.)
LPGA 투어 챔피언십 4라운드에서
지난해 본 대회 우승자이며
세계 랭킹 2위 김세영(27세)에게
1타 차 2위로 출발했으나
최종 합계 18언더파로
김세영을 5타 차로 제치고 우승했다

고진영은, 막판 4개 대회 출전으로
시즌 상금왕은 물론
CME 글로브 레이스 우승까지 챙기는
믿기 어려운 최고의 날이 되었으며
LPGA 투어 진출(2018년) 이후
3시즌 연속 우승을 기록했다

이날, 아쉽게 준우승을 한 김세영은
박인비(112점)를 제치고
올해의 선수상(118점)을
최저타 수상은 대니엘 강(미국)이 차지

올 시즌 LPGA 투어는
당초 33개 대회를 계획했으나
'코로나19'로 18개 대회로 축소된 가운데
김세영(2승), 고진영(1승), 박인비(1승), 박희영(1승), 이미림(1승), 김아림(1승)으로
7승을 합작한 한국은
6승을 거둔 미국을 제치고
6년 연속 최다승국을 이어갔다
더구나 메이저 4승 중
3승(이미림·김세영·김아림)을 차지하여
올해(2020년)도 역시
LPGA는 한국이 최고였다

류현진, 세계 최고 왼손투수상 수상

토론토 블루제이스 소속의
류현진(33세) 선수가
세계 최고 무대인 메이저리그(MLB)에서
최고 왼손투수에게 주는
'워렌 스판상' 수상자로 선정됐다(2020. 12. 22.)

한국 KBO리그 출신으로
역대 22번째 수상자가 된 류현진은
아시아 최초의 영광을 안게 되었으며
올해 아메리칸리그 3위에 이은 눈부신 활약상!

워렌 스판은
빅리그 왼손투수 최다승(363승) 선수로
사이영상(양대 리그 통합) 수상(1957년)
MLB 명예의전당에 헌액(1973년) 되었는데
생전 그의 거주지였던
미국 오클라호마주 스포츠 박물관이
그의 업적을 기려 제정한(1999)
역사적인 상으로 알려져 있다

‘대구 키다리 아저씨’의 조용한 기부

스스로 자신과 약속했던
10년 기부를 지킨
‘대구 키다리 아저씨’

대구의 작은 매운탕집에서 만난
대구공동모금회 이희정 사무처장에게
5천여만 원의 수표가 든 봉투와
스스로와의 약속인 10년의 기부를
오늘 마무리한다는 메모 한 장을
건네주었다(2020. 12. 22.)

2012년부터 시작하여
10차례에 걸쳐 기부한 성금은
10억 3500여만 원

사진 찍고 기사도 내며
소문낼 만도 하련만
작은 회사를 운영하고 있는
‘대구 키다리 아저씨’는
‘10년 동안 기부금 전달’이 전부다
그의 바람 대로

더 많은 '키다리 아저씨'와
함께하는 사회가 되었으면 좋겠다

'대구 키다리 아저씨'가
백배 박수를 받는 이유

- 스스로 약속한 10년 기부를 지킨 점
- 모금회 측이 제안한 고액 기부자 모임 가입도, 감사 표창도 거절한 점
- 끝까지 이름을 밝히지 않은 점

정경심, 1차 선고공판

자녀 입시 비리와
사모펀드 의혹 등으로 기소된
15개 혐의 중 11개에 대해
유죄 판결을 받은
정경심 교수(조국 전 법무부장관 부인)가
1심 선고공판에서
징역 4년, 벌금 5억 원을 받고
법정 구속되었다(2020. 12. 23.)
지난해 9월 6일
검찰이 기소한 지 475일 만에 나온
법원의 첫 판단으로
이날, 서울남부구치소에 재수감된 것

재판부는
피고인은 단 한 번도 자신의 잘못을
인정하지 않았다고 지적
비리를 진술한 사람들을 허위였다며
증언자들을 비난하기까지 하여
도덕과 상식마저 벗어난 행위에 대해
준엄한 비판을 내렸는데

선고 직후
'더 가시밭길을 가야 할 모양' 이라며
순교자 행세를 하는 것 같은
조 전 장관의 행태는 또 뭔가?

두 번째, 검찰총장 징계 효력 정지

나 말고는 다 틀렸다는
괴이한 파고 속에서도
대한민국 사법부만은
용케도 살아 있었구나!

누가 봐도 1년 내내
'생나무 찍어내기의 졸렬한 작전'
두 차례나 강행한
검찰총장 징계 및 직무정지 명령을
법원이
직무 배제 효력 정지 결정을 내린
사상 초유의 대사건!

추미애 법무부장관의 공격을
연이어 방어한 윤석열 검찰총장의
두 번째 직무 복귀(2020. 12. 24.)

그제사 대통령은
마지못해 '협력'이란 말을 꺼내며
인사권자로서 국민께 사과한다는
대변인의 말

권력 앞에 눈엣가시 같은 검찰을
검찰개혁이란 철망으로 덮어씌운 것을
많은 국민이 지켜보고 있다

작품 연보

1.『敎壇의 上과 下』
원제목 : '스쳐간 사람들'
제15회 신동아 논픽션 우수작 당선(1979)
1980년『신동아』1월호에 수록(朴石雲이란 필명으로)
'논픽션 시리즈' 제4권에 수록(동아일보사, 1980)

2.『국적 모를 골목 기지촌』
원제목 : '국적 모를 골목'
제24회 신동아 논픽션 최우수작 당선(1987)
1987년『신동아』11월호에 수록
'한국 최우수 논픽션 모음' 제1권에 수록(도서출판 世代, 1990)

3. 제1시집『白頭民族』 : 장편 민족 서사시
①河洛圖書(1991. 11. 30.)
②도서출판 청학
· 2판1쇄(1992. 10. 15.), 2쇄(1994. 11. 30.)
③남양주·구리 지역의 풍양신문에 1년 반에 걸쳐 연재(1990~1991)

4. 제2시집『아름다운 나라』 : 사진 · 기행시
· 시도출판사(1993. 5. 15.)

5. 제3시집『터 찾아 혼 찾아』 : 민족서사기행시
①시도출판사(1994. 7. 20.)
②혜림출판사, 2판 1쇄(1995. 8. 1.)
· 1, 2권으로 재판 발행

6. 월간『한맥문학』에 시 당선(1994년 1월호)
·「蘭에게」「봄눈」「비에 젖은 낙엽」등

7. 단편소설집『초록색 연가』
· 시도출판사(1994. 11. 1.), 15편
· 1982~1994년까지『내륙문학』『북한강문학』『글핀샘』등에 발표한 작품

8. 제4시집『장자울 햇살』
· 도서출판 청학(1995. 3. 30.)

9. 제5시집『오늘』
· 시도출판사(1995. 5. 1.)
·『글핀샘』창간호~제4집에 연재한 '오늘의 서사시' 모음

10. 제6시집『초록 물결 소리』
· 혜림출판사(1995. 9. 16.)

11. 옮긴 소설『못다 쓴 편지』
· 혜림출판사(1995. 9. 16.)
· 원작자 : 윤천(尹天), 중국 동포

12. 제7시집『새벽의 환상곡』
· 혜림출판사(1996. 2. 5.)

13. 제8시집『산바람 님바람』
· 혜림출판사(1996. 7. 5.)

14. 제9시집『석 줄의 향기』
· 혜림출판사(1996. 9. 20.)
· 전2권, 3자 말 이어짓기

15. 제10시집『고독의 강물』
· 은혜미디어(1997. 3. 10.)

16. 제11시집『꽃 나들이』 : 시와 산문
· 은혜미디어(1997. 9. 10.)

17. 제12시집『끝없는 대화』 : 문답식 단상과 시
· 은혜미디어(1998. 2. 28.)

18. 제13시집『울 수 있는 날의 행복』
· 은혜미디어(1998. 11. 5.)

19. 제14시집『꽃멀미 마중』
· 도서출판 대일(1999. 9. 10.)

20. 제15시집『사람의 숲』
· 북랜드(2000. 7. 10.)
· 제2회 교단문학상 대상 수상(2000. 12.)

21. 제16시집 『풀씨 · 하나』
- 교단문학출판부(2001. 9. 28.)
- 자필 시집, 본인이 찍은 표지 사진(며느리밑씻개꽃)

22. 제17시집 『풀씨의 숨소리』
- 북랜드(2003. 3. 15.)

23. 제18시집 『꽃달임』
- 북랜드(2007. 10. 25.)
- 본인이 찍은 표지 사진 : 비꽃(가칭)

24. 제19시집 『꽃이랑』
- 月刊文學출판부(2010. 5. 20.)
- 본인이 찍은 표지 사진 : 큰방울새란꽃

25. 「갈대꽃」 시비 제막
- 충남 보령 시와숲길공원(2010. 10. 23.)

26. 「구름 나그네」 육필 시비 제막
- 충남 보령 시와숲길공원(2011. 6. 18.)

27. 제20시집 『꽃탑1』 : 풀꽃 사진과 시
- 月刊文學출판부(2011. 9. 5.)
- 제20회 한국농민문학상 수상(2013. 1.)

28. 제21시집 『꽃탑2』 : 나무꽃 사진과 시
- 月刊文學출판부(2012. 3. 7.)
- 제20회 한국농민문학상 수상(2013. 1.)

29. 제22시집 『꽃씨의 꿈』
- 도서출판 무진(2012. 3. 22.)
- 본인이 찍은 표지 사진(빗자루국화꽃)
- 제20회 한국농민문학상 수상(2013. 1.)

30. 인물상, 「각시붓꽃」 공동 시비 제막
- 충남 보령 시와숲길공원(2012. 5. 12.)

31. 제23시집 『꽃탑3』 : 나무꽃 사진과 시
- 月刊文學출판부(2013. 5. 15.)

32. 제24시집 『꽃탑4』 : 나무꽃 사진과 시
- 月刊文學출판부(2014. 3. 15.)

33. 제25시집 『꽃바람』
- 도서출판 무진(2014. 6. 15.)
- 본인이 찍은 표지 사진 : 야콘꽃

34. 제26시집 『꽃탑5』 : 풀꽃 사진과 시
- 月刊文學출판부(2015. 4. 20.)

35. 제27시집 『꽃보라』
- 도서출판 무진(2016. 1. 25.)
- 본인이 찍은 표지 사진 : 구름국화꽃

36. 제28시집 『꽃탑6』 : 풀꽃 사진과 시
- 月刊文學출판부(2016. 5. 15.)

37. 제29시집 『꽃탑7』 : 풀꽃 사진과 시
- 月刊文學출판부(2017. 3. 20.)

38. 제30시집 『꽃구름』
- 도서출판 무진(2017. 12. 22.)
- 본인이 찍은 표지 사진 : 금강초롱꽃

39. 제31시집 『꽃탑8』 : 풀꽃 사진과 시
- 月刊文學출판부(2018. 4. 20.)

40. 제32시집 『추억의 꽃길』
- 도서출판 무진(2018. 12. 20.)
- 본인이 찍은 표지 사진 : 버들잎엉겅퀴꽃

41. 제33시집 『꽃탑9』 : 풀꽃 사진과 시
- 月刊文學출판부(2019. 3. 20.)

42. 제34시집 『민들레꽃 시계』
- 月刊文學출판부(2020. 3. 30.)
- 본인이 찍은 표지 사진 : 정영엉겅퀴꽃

43. 제35시집 『꽃탑10』 : 풀꽃 사진과 시
- 月刊文學출판부(2020. 3. 30.)

43. 제36시집 『코로나19의 강』
- 月刊文學출판부(2021. 9. 15.)

박정자 시집_ 코로나19의 강

초판 인쇄 | 2021년 9월 10일
초판 발행 | 2021년 9월 15일

지 은 이 | 박정자
발 행 인 | 이광복
편집국장 | 김밝은

펴낸곳 | 사단법인 한국문인협회 月刊文學 출판부
주소 | 서울시 양천구 목동서로 225 대한민국예술인센터 1017호
전화 | 02-744-8046~7
팩스 | 02-743-5174
이메일 | klwa95@hanmail.net
등록 | 2011년 3월 11일 제2011-000081호
ISBN 978-89-6138-431-5 03810

값 15,000원

잘못 만들어진 책은 바꾸어 드립니다.